RAUCH, RUSS, GERÄUSCH UND ÄHNLICHE EINWIRKUNGEN

IM § 906 DES BÜRGERLICHEN GESETZBUCHES

UND DIE

ZIVILRECHTLICHEN ANSPRÜCHE GEGEN SIE

VON

DR. IUR. RUDOLF HÖRIG

LEIPZIG
VERLAG VON VEIT & COMP.
1906

RAUCH, RUSS, GERÄUSCH UND ÄHNLICHE EINWIRKUNGEN
IM § 906 DES BÜRGERLICHEN GESETZBUCHES
UND DIE
ZIVILRECHTLICHEN ANSPRÜCHE GEGEN SIE

VON

DR. IUR. RUDOLF HÖRIG

LEIPZIG
VERLAG VON VEIT & COMP.
1906

Leipziger juristische Inauguraldissertation.

Druck von Metzger & Wittig in Leipzig.

Inhalt.

Abkürzungen und zugleich Literaturverzeichnis.

A. bürg. R. = Archiv für bürgerliches Recht. Berlin, Carl Heymanns Verl.

AppG. = Appellationsgericht.

A. ziv. Pr. = Archiv für zivilistische Praxis.

ALR. = Allgemeines Landrecht für die preußischen Staaten v. 5. Febr. 1794.

Anw. Gutacht. = Gutachten aus dem Anwaltstand über die erste Lesung des Entwurfes eines Bürgerlichen Gesetzbuches. Berlin, W. Möser.

Äuß. d. Bundesreg. = Zusammenstellungen der Äußerungen der Bundesregierungen zu dem Entwurfe eines Bürgerlichen Gesetzbuches, gefertigt im Reichsjustizamt. Band II. 1891.

Bad. Rpr. = Badische Rechtspraxis. Karlsruhe, Braunsche Hofbuchdruckerei.

Bähr = Bähr, Gegenentwurf zu dem Entwurfe eines Bürgerl. Gesetzbuches für das Deutsche Reich. Cassel, Max Brunnemann. 1892.

Bay. E. = Entwurf eines Gesetzbuches f. d. Königreich Bayern. München 1861.

Bay. Ob. LG. = Bayrisches Oberstes Landesgericht, mit folgender Band- und Seitenzahl = Sammlung von Entscheidungen des Obersten Landesgerichtes für Bayern in Gegenständen des Zivilrechtes.

Bekker = Die gesetzlichen Eigentumsbeschränkungen des Römischen Rechtes in Bekker, Jahrbuch des gemeinen deutschen Rechtes. Bd. 5, S. 147 bis 206.

Bernhöft-Binder = Beiträge zur Auslegung des Bürgerlichen Gesetzbuches. Leipzig, Deichert. 1902—1905.

BGB. = Bürgerliches Gesetzbuch vom 18. August 1896.

Biermann = Das Sachenrecht des Bürgerlichen Gesetzbuches, im Kommentar zum BGB. von Biermann usw. 2. Aufl. Berlin, Carl Heymanns Verl. 1903.

Bolze = Die Praxis des Reichsgerichts in Zivilsachen. Leipzig, F. A. Brockhaus.

Buchka = Vergleichende Darstellung des Bürgerlichen Gesetzbuches für das Deutsche Reich und des gemeinen Rechtes. 2. Aufl. Berlin, Liebmann. Göttingen, Vanderhork & Ruprecht. 1898.

C. c. = Code civile des Français vom 21. März 1804.

Codice = Codice civile del regno d'Italia vom 25. Juni 1865.

Cosack = Lehrbuch des deutschen bürgerlichen Rechtes auf der Grundlage des Bürgerlichen Gesetzbuches. 2. Band. 4. Aufl. Jena 1904.

Denkschr. = Denkschrift zum Entwurf eines Bürgerlichen Gesetzbuches nebst drei Anlagen. Berlin, J. Guttentag. 1896.

DERNBURG, BR. = Das bürgerliche Recht des Deutschen Reiches und Preußens. Bd. 3: Das Sachenrecht des Deutschen Reiches und Preußens. 3. Aufl. Halle a. S., Verl. d. Buchhandlung des Waisenhauses. 1904.

DERNBURG, Pand. = Pandekten. Bd. 1. 7. Aufl. Berlin, H. W. Müller. 1902.

DERNBURG, Pr.Pr. = Lehrbuch des preußischen Privatrechtes und der Privatrechtsnormen des Reiches. Bd. 1: Die allgemeinen Lehren und das Sachenrecht. 4. Aufl. Halle 1884.

E. I = Entwurf eines Bürgerlichen Gesetzbuches für das Deutsche Reich. Erste Lesung. 1888.

E. II = Dasselbe. Zweite Lesung. 1892.

ECK = Vorträge über das Recht des Bürgerlichen Gesetzbuches, herausgeg. von Dr. LEONHARD. Bd. 2. 1. u. 2. Aufl. Berlin, Guttentag. 1904.

EG. BGB. = Einführungsgesetz zum Bürgerl. Gesetzbuch vom 18. Aug. 1896.

ENDEMANN = Lehrbuch des Bürgerlichen Rechtes. Bd. 2: Sachenrecht. 8. u. 9. Aufl. Berlin, Carl Heymanns Verlag. 1905.

ENNECCERUS-LEHMANN = Das Bürgerliche Recht. Bd. 2: Sachenrecht, Familienrecht, Erbrecht. 2. Aufl. Marburg, N. G. Elwertsche Verl.-Buchh. 1901.

FISCHER-HENLE = Bürgerliches Gesetzbuch vom 18. August 1896 usw. Handausgabe usw. 6. Aufl. München, Beck. 1904.

FISCHERS Z. = FISCHERS Zeitschrift für Praxis und Gesetzgebung der Verwaltung. Leipzig, Roßbergsche Verlagsbuchhandlung.

FÖRSTER-ECCIUS = Preußisches Privatrecht. 7. Aufl. (4. Aufl. der neuen, von ECCIUS besorgten Bearbeitung). Bd. 3. Berlin, Georg Reiner. 1896.

FUNKE = Beiträge zur Erläuterung praktischer Rechtsmaterien. Bd. 3: Über die aus dem Einströmen beschwerlichen Rauches und Dampfes aus fremden Grundstücken zu formierenden rechtlichen Ansprüche. Chemnitz, Wilhelm Starke. 1830.

GAUPP-STEIN = Die Zivilprozeßordnung für das Deutsche Reich. 4. Aufl. Tübingen und Leipzig, J. C. B. Mohr (Paul Siebeck). 1901/2.

GESTERDING = Ausbeute von Nachforschungen über praktische Rechtsmaterien. Bd. 3. Greifswald, C. A. Koch. 1830.

GewO. = Gewerbeordnung für das Deutsche Reich, in der Fassung der Bekanntmachung des Reichskanzlers vom 26. Juli 1900.

GOLDMANN-LILIENTHAL = Das Bürgerliche Gesetzbuch, systematisch dargestellt. Bd. 2: Sachenrecht. Berlin, Franz Vahlen. 1905.

GRUCH. = Beiträge zur Erläuterung des Preußischen Rechtes durch Theorie und Praxis. Von Bd. 16 an: Beitr. z. E. des Deutschen Rechtes in besonderer Beziehung auf das Preußische Recht usw. Begründet von GRUCHOT. Berlin, Franz Vahlen.

Gutachtl. Äuß. = Zusammenstellung der gutachtlichen Äußerungen zu dem Entwurfe eines Bürgerlichen Gesetzbuches, gefertigt im Reichsjustizamt. Bd. 3. 1891.

HAIDLEN = Das Württembergische Nachbarrecht. 4. Aufl. Tübingen und Leipzig, J. C. B. Mohr (Paul Siebeck). 1901/2.

Hess. E. = Entwurf eines Bürgerlichen Gesetzbuches für das Großherzogtum Hessen-Darmstadt. 1842—1853.

Hesse = Die Rechtsverhältnisse zwischen Grundstücksnachbarn. 2. Aufl. 1880.

Hoffmann = Über die Grundzüge des Nachbarrechtes beim Grundstückseigentum, im Archiv für praktische Rechtswissenschaft aus dem Gebiete des Zivilrechtes usw. N. F. Bd. 1, S. 241—320. 1864.

Hörle = Die Beeinträchtigungen des Eigentümers durch gewerbliche Anlagen nach dem Bürgerl. Gesetzbuch und der Gewerbeordnung im VerwA. (s. unt.) Bd. 10, S. 366ff. 1902.

Jher. Jahrb. = Jherings Jahrbücher für die Dogmatik des heutigen Römischen und Deutschen Rechtes. Von Bd. 37 (1897) an: Desgl. für die Dogmatik des bürgerlichen Rechtes.

JW. = Juristische Wochenschrift, Organ des Deutschen Anwaltvereines. Berlin, W. Möser.

JW. B. = Desgl. Beilage.

KB. = Bericht der 12. Kommission des Reichstages (9. Legislaturperiode, 4. Session 1895/6) vom 12. Juni 1896. Nr. 440a.

Keller = Pandekten. Vorlesungen. Aus dem Nachlasse des Verfassers herausgeg. von E. Friedberg. Leipzig, Bernhard Tauchnitz. 1861.

KG. = Kammergericht.

Kniep = Der Besitz des Bürgerlichen Gesetzbuches, gegenübergestellt dem römischen und gemeinen Rechte. Jena, Gustav Fischer. 1900.

Kloss = Sächsisches Landesprivatrecht. Ergänzungsband III von Dernburg, BR. (s. oben). Halle 1904.

Koch = Allgemeines Landrecht für die preußischen Staaten mit Kommentar in Anmerkungen. 8. Aufl. Bd. 1. Berlin u. Leipzig, Guttentag. 1884.

Kretzschmar = Einführung in das Grundbuchrecht. Bd. 2. Leipzig, Roßberg. 1903.

Kuhlenbeck = Von den Pandekten zum Bürgerlichen Gesetzbuch. 2. Teil. Berlin, C. Heymanns Verlag. 1899.

Kuhlenbeck, BGB. = Das Bürgerliche Gesetzbuch für das Deutsche Reich nebst dem Einführungsgesetze. 2. Aufl. Bd. 2. Berlin, Carl Heymanns Verlag. 1903.

Landsberg = Das Recht des Bürgerlichen Gesetzbuches vom 18. Aug. 1896. Ein dogmatisches Lehrbuch. 2. Hälfte. Berlin, Guttentag. 1904.

Leske = Vergleichende Darstellung des Bürgerlichen Gesetzbuches für das Deutsche Reich und das Preuß. Allgemeine Landrecht. 1. u. 2. Aufl. Berlin, Liebmann. 1900.

LG. = Landgericht.

Mandry = Der zivilrechtliche Inhalt der Reichsgesetze. 3. Aufl. Freiburg i. B., Mohr (Paul Siebeck). 1885.

Männer = Das Recht der Grundstücke. München, J. Schweitzers Verl. 1899.

Matthiass = Lehrbuch des bürgerlichen Rechtes. Bd. 2. 3. Aufl. Berlin, O. Häring. 1900.

MEISNER = Das in Bayern geltende Nachbarrecht mit Berücksichtigung des Wasserrechtes. München, J. Schweitzers Verl. 1901.

MEISNER, BGB. = Das Bürgerliche Gesetzbuch für das Deutsche Reich. Breslau, Markus. 1898.

Mot. = Motive zu dem Entwurf eines Bürgerlichen Gesetzbuches. Amtliche Ausgabe. Bd. 3. Berlin u. Leipzig, Guttentag. 1888.

MÜLLER-MEIKEL = Das bürgerliche Recht des Deutschen Reiches. 2. Aufl. Bd. 1. München, J. Schweitzers Verl. 1904.

MUGD. = MUGDAN, Die gesammelten Materialien zum Bürgerlichen Gesetzbuch für das Deutsche Reich. Bd. 3: Sachenrecht. Berlin, R. v. Deckens Verlag (G. Schenk). 1899.

NEUMANN = Handausgabe des Bürgerlichen Gesetzbuches. 4. Aufl. Bd. 1. Berlin, Franz Vahlen. 1905.

OAppG. = Oberappellationsgericht.

ObTrib. = Preußisches Obertribunal; mit folg. Band- und Seitenzahl = Entscheidungen des Preuß. Obertribunals, herausgeg. im amtl. Auftrage.

Öst. BGB. = Allgemeines Bürgerliches Gesetzbuch für Österreich vom 1. Juni 1811.

OLG. = Oberlandesgericht; mit folg. Band- und Seitenzahl = Die Rechtsprechung der Oberlandesgerichte auf dem Gebiete des Zivilrechtes. Herausgeg. von MUGDAN u. FALKMANN. Leipzig, Veit & Co.

ORTLOFF = Das deutsche Nachbarrecht (Rechtsverhältnisse der Grundstücksnachbarn) von 1900 an. Jena, Costenoble. 1900. — Ein Auszug hiervon vgl. A. bürg. R. Bd. 26 n. 12 S. 327 ff.

PAGENSTECHER = Die römische Lehre vom Eigentum in ihrer modernen Anwendbarkeit. Bd. 1. Heidelberg, Bengel & Schmidt. 1857.

PLANCK = Bürgerliches Gesetzbuch nebst Einführungsgesetz. Bd. 3: Sachenrecht. Neueste Auflage. Berlin, Guttentag. 1905.

Prot. = Protokolle der Kommission für die zweite Lesung eines Entwurfes des Bürgerlichen Gesetzbuches. Die in Klammern beigefügten Zahlen, z. B. (III 124) bezeichnen Band und Seite der Protokolle usw., im Auftrage des Reichsjustizamtes bearb. von ACHILLES, GEBHARD und SPAHN. Berlin, Guttentag. 1899.

PUCHTA = Pandekten. Herausgeg. v. RUDORFF. 9. Aufl. Leipzig, Joh. Ambrosius Barth. 1863.

PUCHELT Z. = Zeitschrift für deutsches bürgerliches Recht und französisches Zivilrecht. Mannheim, J. Bensheimer.

RANDA = Das Eigentumsrecht usw. nach österreichischem Rechte. 1. Hälfte. 2. Aufl. Leipzig, Breitkopf & Härtel. 1893.

Recht = Das Recht. Rundschau für d. deutschen Juristenstand. Hannover, Leipzig, Helwingsche Verlagsbuchhandlung.

REHBEIN = Die Entscheidungen des vormaligen Preußischen Obertribunals auf dem Gebiete des Zivilrechtes. Bd. 2. Berlin, H. W. Müller. 1884.

REINCKE = Die deutsche Zivilprozeßordnung. 4. Aufl. Berlin, H. W. Müller. 1900.

RG. = Reichsgericht; mit folg. Band- u. Seitenzahl = Entscheidungen des Reichsgerichts in Civilsachen. Leipzig, Veit & Co.

Rocholl = Rechtsfälle aus der Praxis des Reichsgerichts. Bd. 2. Breslau, E. Morgenstern. 1890.

Roth-Becher = Bayrisches Civilrecht. 2. Teil, 1. Abt. 2. Aufl. Tübingen, H. Lauppsche Buchhandlung. 1897.

Sächs. A. = Sächsisches Archiv für bürgerliches Recht und Prozeß. Leipzig, Roßberg.

Sächs. BGB. = Bürgerliches Gesetzbuch für das Königreich Sachsen vom 2. Januar 1863.

Sächs. OLG. = Annalen des Königl. Sächs. Oberlandesgerichts zu Dresden. Leipzig, Roßberg.

Sächs. OVG. = Sächsisches Oberverwaltungsgericht; mit folg. Band- und Seitenzahl = Jahrbücher des Königl. Sächs. Oberverwaltungsgerichts. Leipzig, Roßberg.

Schellhass = Das Nachbarrecht nach gemeinem Recht und heutiger Praxis. Würzburg, Stahelsche Buch- und Kunsthandlung. 1863.

Scherer II = Recht der Schuldverhältnisse des Bürgerlichen Gesetzbuches für das Deutsche Reich. Erlangen, Palm & Enke. 1899.

Scherer III = Sachenrecht des Bürg. Gesetzbuches usw. wie Scherer II.

Seuff. A. = J. A. Seufferts Archiv für Entscheidungen der obersten Gerichte in den deutschen Staaten. München, R. Oldenbourg.

Seuff. ZPO. = Seuffert, Kommentar zur Civilprozeßordnung. 7. Auflage. München, Beck. 1895.

Siebenhaar = Kommentar zu dem Bürgerl. Gesetzbuch für das Königreich Sachsen. Bd. 1. 2. Aufl. Leipzig, J. C. Hinrichssche Buchh. 1869.

Sintenis = Das praktische gemeine Zivilrecht. Bd. 1: Die allgemeinen Lehren und das Sachenrecht. Leipzig, Carl Focke. 1844.

Sintenis, Anleit. = Anleitung zum Studium des Bürgerlichen Gesetzbuches für das Königreich Sachsen. Leipzig, Bernhard Tauchnitz. 1864.

Skibarsky = Das Nachbarrecht nach dem Bürgerlichen Gesetzbuch. Inaug.-Diss. Greifswald, Julius Abel. 1902.

Staudinger-Kober = J. v. Staudingers Kommentar zum Bürgerlichen Gesetzbuch und dem Einführungsgesetz. Bd. 3: Sachenrecht von Kober. 2. Aufl. München, J. Schweitzers Verlag. 1903.

Stobbe-Lehmann = Handbuch des deutschen Privatrechtes von Otto Stobbe. Bd. 2. 3. Aufl. von H. O. Lehmann. Berlin, Wilhelm Hertz. 1896.

Strieth. A. = Archiv für Rechtsfälle aus der Praxis der Rechtsanwälte des Königl. Obertribunals.

Strohal = Der Sachbesitz nach dem Bürgerl. Gesetzbuche für das Deutsche Reich; abgedr. aus Jher. Jahrb. (s. ob.) Bd. 38. Jena, G. Fischer. 1897.

Sturm = Beiträge zum Römischen Recht unter Berücksichtigung des Entwurfes für das Bürgerliche Gesetzbuch. III: Die Immission. Naumburg a. S., Albin Schirmer. 1891.

TURNAU-FÖRSTER = Das Liegenschaftsrecht nach den deutschen Reichsgesetzen und den preußischen Ausführungsbestimmungen. Bd. 1: Das Sachenrecht des Bürgerlichen Gesetzbuches. Paderborn, Schöningh. 1900.

VANGEROW = Lehrbuch der Pandekten. Bd. 1. 6. Aufl. Marburg, Elwertsche Univ.-Buchh. 1851.

VerwA. = Verwaltungsarchiv. Zeitschrift für Verwaltungsrecht und Verwaltungsgerichtsbarkeit.

WARNEYER = Das Bürgerliche Gesetzbuch für das Deutsche Reich usw. Leipzig, Roßberg. 1905.

WENGL. A. = Archiv für zivilrechtliche Entscheidungen, ergangen in vor den Königl. Sächs. Justizbehörden anhängigen Rechtssachen. Begründet von WENGLER. Leipzig, Roßberg.

WILMOWSKI-LEVY = Civilprozeßordnung und Gerichtsverfassungsgesetz für das Deutsche Reich nebst den Einführungsgesetzen. 5. Aufl. Berlin, Franz Vahlen. 1889.

WINDSCHEID-KIPP = Lehrbuch des Pandektenrechtes von WINDSCHEID. 8. Aufl. von KIPP. Bd. 1. Frankfurt a. M., Rütten & Loening. 1901.

ZPO. = Zivilprozeßordnung in der Fassung der Bekanntmachung des Reichskanzlers vom 20. Mai 1898.

Zür. GB. = Privatrechtliches Gesetzbuch für den Kanton Zürich vom 4. September 1887.

Weiterhin sind die allgemeinen Abkürzungen gebraucht, wie a. = Artikel, A. = Anmerkung, a. A. = anderer Ansicht, Beschl. = Beschluß, Bd. = Band, ebd. = ebenda, Erk. = Erkenntnis, m. L. = mit Literaturangabe, n. = Nummer, N. F. = Neue Folge, Tit. = Titel, S. = Seite, Z. = Ziffer usw.

§§ ohne nähere Angabe beziehen sich auf das BGB. Zahlen, die ohne weitere Bezeichnung unmittelbar der Abkürzung einer Zeitschrift folgen, bedeuten den Jahrgang; im übrigen bezeichnen Zahlen ohne Zusätze die Seiten, z. B. JW. 05, 180 = JW. Jahrgang 1905 S. 180.

Einleitung.

Jede menschliche Tätigkeit ist mit Wirkungen auf die engere oder weitere Umgebung verbunden: Es werden Stoffe durch Handlungen, die wir innerhalb unseres Eigentumsgebietes vornehmen, oft weit über unsere Grenzen hinaus in fremde Gebiete eingesandt. Es werden Luftteile in Bewegung gesetzt, und es erzeugen diese Bewegungen die verschiedensten physikalischen Wirkungen, oft noch weit entfernt vom Orte der Tätigkeit. Je enger sich die menschlichen Wohnstätten, die landwirtschaftlichen Betriebe und industriellen Anlagen zusammendrängen, je mehr unsere Industrie steigt, einen je größeren Aufschwung unsere Technik nimmt, in um so erheblicherem Maße treten solche Wirkungen hervor.

Bei dieser Sachlage erscheint es höchst wichtig und zugleich wohl interessant, sich die Fragen vorzulegen: Wie stellt sich das bürgerliche Recht zu solchen Einwirkungen in fremde Rechtssphären? Gewährt es den Beeinträchtigten Schutzmittel gegen sie? Bejahendenfalls, welches sind diese Schutzmittel, und wie sind sie geltend zu machen?

Diese Fragen wollen wir im folgenden zu beantworten suchen.

I. Bedeutung des § 906 in der Eigentumslehre.

§ 1.

1. Das Eigentumsrecht an Grundstücken im allgemeinen.

Das BGB. definiert, wie die Quellen des römischen und des älteren deutschen Rechtes, weder den Begriff des Eigentums, noch den des Eigentümers. Es betrachtet diese Begriffe als gegeben und faßt nur die wesentlichen, dem Eigentümer zustehenden

Befugnisse allgemein zusammen.[1] So sagt es in § 903: „Der Eigentümer einer Sache kann, soweit nicht das Gesetz oder Rechte Dritter entgegenstehen, mit der Sache nach Belieben verfahren und andere von jeder Einwirkung ausschließen."[2, 3] Nach dieser Bestimmung werden deutlich positive und negative Eigentumsbefugnisse, also eine positive und eine negative Seite des Eigentumsrechtes unterschieden,[4] eine Trennung, die der Eigentumslehre zugrunde zu legen ist.

---

[1] E. I § 848, II § 818; Mot. 262/3 = Mugd. 145; Prot. 3521—3525 (III 118—120) = Mugd. 577/8.

[2] Vgl. ALR. I 8 § 1, Sächs. BGB. § 217, C. c. a. 544, Öst. BGB. §§ 354/5, Hess. E. I 3 a. 1, Bay. E. III a. 89, Zür. GB. § 108, Schweizer. Zivilgesetzbuch (Vorentw. des eidgenöss. Justiz- u. Polizeidepartements 1900) a. 644, Codice civile del regno d'Italia (25. 6. 65) a. 436.

[3] Wir wollen uns mit der Bestimmung des § 903 BGB. zufrieden geben und von Aufstellung einer Definition des Eigentumsbegriffes absehen. Sie dürfte wohl des praktischen Wertes entbehren. Wir verweisen nur auf: Dernburg, Pand. 443, Windscheid-Kipp 755, insbes. 757 A. 5 m. L., Puchta 219, Vangerow 619, Keller 211, Pagenstecher 3, Bekker 149, Sintenis 472, Stobbe-Lehmann 276, Dernburg, Pr.Pr. 442, Förster-Eccius 156, Roth-Becher 103, Randa 1, 6 mit mustergültig verarbeiteter Literaturangabe, Kuhlenbeck 502, Schlossmann in Jher. Jahrb. Bd. 45, S. 338, 345, 385 ff., Stier-Somlo im VerwA. Bd. 6, S. 304, Leske 391, Buchka 188, Männer 113, Endemann 434, Cosack 100, Landsberg 638, Enneccerus-Lehmann 132, Eck 94, Dernburg, BR. 204, Planck 162, Matthiass 42 m. L., Goldmann-Lilienthal 25, Müller-Meikel 719.

[4] Zu beachten ist die Ansicht Randas S. 6, daß das Ausschließungsrecht des Eigentümers, also die negative Eigentumsseite, nur eine Konsequenz des Eigentumes sei und daher nicht zum Inhalte des Eigentumes gehöre. Andererseits nennt Schlossmann in Jher. Jahrb. Bd. 45, 338 ff. das Eigentum „ein Ausschließungsrecht und nichts weiter als ein Ausschließungsrecht", und Kuhlenbeck 502 behauptet, es liege die rechtliche Bedeutung des positiven Inhaltes nur in der negativen Richtung, während ähnlich Windscheid-Kipp 756 A. 1 und 759 sagt, es sei der die positive Seite bestimmende Satz nur aufzufassen als ein „Verbot an die Gegenüberstehenden". Diese letzteren Ansichten, nach denen das positive Element des Eigentumsrechtes in dem negativen aufgehen soll, erscheinen uns ungenau. Obwohl zweifellos das Verbietungsrecht des Eigentümers praktisch von größerer Bedeutung ist, als das positive Verfügungsrecht, so vermag es doch dieses nicht vollständig in sich aufzunehmen. Auch dann, wenn die Geltendmachung des Verbietungsrechtes wegen des Fehlens abzuweisender Einwirkungen ausgeschlossen ist, oder wenn das Verbietungsrecht bereits mit

Das Recht des Eigentümers eines Grundstückes erstreckt sich gemäß § 905 Satz 1 BGB. auf den Raum über der Erdoberfläche und auf den Erdkörper unter der Oberfläche.[1,2] Der Grundstückseigentümer kann also grundsätzlich ohne Rücksicht auf andere mit seinem Grundstücke, mit der darüber stehenden Luftsäule und mit dem Erdinneren nach seinem Belieben verfahren, mithin innerhalb dieses Gebietes alles vornehmen, was er will. Andererseits steht ihm das grundsätzliche Recht zu, alle Einwirkungen auf sein Herrschaftsgebiet zu verbieten. Dieses Verbietungsrecht richtet sich nicht nur gegen die unmittelbaren oder direkten Einwirkungen, d. h. gegen diejenigen, die in dem Gebiete des betroffenen Grundstückes selbst erzeugt sind, sondern auch gegen die mittelbaren oder indirekten, d. h. diejenigen Einwirkungen, die von einer Tätigkeit herrühren, die der Einwirkende in seinem eigenen Eigentumskreise (in suo) vorgenommen hat, und die dann erst in die fremde Eigentumssphäre eingreifen.[3]

Hinsichtlich der unmittelbaren Einwirkungen hat der dargetane Grundsatz schon im römischen und gemeinen Rechte unbestrittene Geltung gehabt.[4] Hinsichtlich der mittelbaren Ein-

---

Erfolg geltend gemacht worden ist und die Beseitigung störender Einwirkungen erlangt hat, kann der Eigentümer von seinen positiven Befugnissen nach Belieben Gebrauch machen. Er kann mit dem Apfel, den er soeben dem Diebe entrungen hat und den er nun im verschlossenen Zimmer in der Hand hält, machen, was er will; er kann ihn essen, wegwerfen, zerschneiden, ihn faulen lassen. Hier also kann die rechtliche Bedeutung des positiven Eigentumsinhaltes nicht in der negativen Richtung liegen, und es läßt sich die positive Eigentumsseite hier nicht auffassen als ein „Verbot an die Gegenüberstehenden".

[1] E. I § 849, II § 819, Mot. 263/4 = Mugd. 145/6, Prot. 3525—3530 (III 120—130) = Mugd. 578/9, vgl. l. 1 pr. Dig. 8, 2; l. 22 § 4 Dig. 43, 24; ALR. I 8 §§ 26, 65, 123, 132, 141; C. c. a. 522, Sächs. BGB. § 218, Öst. BGB. § 297, Hess. E. II 3 a. 1, Bay. E. III 89.

[2] Mit dieser Bestimmung hat der Gesetzgeber das sog. „Märchen von der Luftsäule" festgelegt. Er hat ihm jedoch im § 905 Satz 2 die hauptsächlichste praktische Spitze abgebrochen (s. u. S. 5), vgl. Gesterding 447 ff., 398 ff., Werenberg in Jher. Jahrb. Bd. 6, 29 ff., Windscheid-Kipp 760, Randa 57, Endemann 454 A. 7, insbes. Monich in Jher. Jahrb. Bd. 38, 155.

[3] Cosack 152 nennt die letzteren „Fernwirkungen".

[4] Roth-Becher 118, m. L. in A. 95.

wirkungen dagegen herrschte lebhafter Streit. Man vertrat sowohl das Prinzip des Einwirkungsverbotes, nach dem die mittelbaren Einwirkungen als grundsätzlich rechtswidrige Eingriffe aufzufassen sind, wie auch das Prinzip der Einwirkungsfreiheit, nach dem die mittelbaren Einwirkungen im Gegensatze zu den unmittelbaren als grundsätzlich erlaubte Ausübung des Eigentumsrechtes zu gelten haben.[1] Das BGB. erst hat den Streit entschieden.

Die Motive (Mot. 265 = Mugd. 146) beleuchteten beide Standpunkte, ohne einem von beiden im Gesetz einen objektiven Ausdruck zu verleihen. Sie verhielten sich so, um, wie sie sagen, die Entscheidung der prinzipiellen Frage der Doktrin und Praxis

---

[1] Der Grundsatz des Verbotes auch indirekter Einwirkungen ist zunächst von Gesterding 398, 409 aufgestellt und im gemeinen Rechte in Theorie und Praxis fast durchgängig anerkannt worden. Vgl. Spangenberg im A. ziv. Pr. Bd. 9, 268, Reinhard, ebd. Bd. 30, 220, Hesse in Jher. Jahrb. Bd. 6, 98/9, Jhering, ebd. 105 ff., Bekker 166, Gesterding 406, Vangerow 625 A. 2, Windscheid-Kipp 762 A. 7, Sintenis 476, Roth-Becher 119 A. 96 m. L.; vgl. auch Randa § 5 A. 28 u. 30. — Auch das RG. hat diesen Grundsatz als nach gemeinem Rechte geltend anerkannt in den Urteilen vom 29. 3. 82 I 705. 81 (RG. Bd. 6 n. 61 S. 217 = Seuff. A. Bd. 38 n. 7 S. 11) und vom 23. 8. 84 III 119. 84 (RG. Bd. 12 n. 42 S. 173 = Seuff. A. Bd. 40 n. 183 S. 272). Den gleichen Grundsatz vertrat das sächs. Recht — § 358 Sächs. BGB.; Siebenhaar § 358; OLG. Dresden 30. 12. 87 in Sächs. OLG. Bd. 9 n. 21 S. 434 = Weng. A. n. F. Bd. 9 n. 11 S. 65 —, das französische Zivilrecht — RG. 13. 12. 83, II 296. 83 in RG. Bd. 11 n. 79 S. 343 = JW. 84, S. 64 n. 82 — und die Preuß. Rechtsprechung seit 1852 — ObTrib. 7. 6. 52 in ObTrib. Bd. 23 S. 252; ObTrib. 1. 12. 54 in Koch 394 A. 35; RG. 20. 8. 82 V 454. 82 in RG. Bd. 7 n. 74 S. 265 ff.; RG. 13. 1. 94. V 314. 93 in Bolze Bd. 18 n. 62; Förster-Eccius 165.

Den dem BGB. vorausgehenden Landesgesetzgebungen fehlte eine ausdrückliche Beantwortung der prinzipiellen Frage. Es deuteten jedoch die einschlagenden Bestimmungen darauf hin, daß sie auf dem Grundsatze der Erlaubtheit indirekter Einwirkungen beruhten. So ist diesem Grundsatz auch überwiegend die partikularrechtliche Doktrin und Praxis, von den oben in dieser A. angeführten Ausnahmen abgesehen, gefolgt, vgl. Mot. 267 = Mugd. 147 m. L., Prot. 3532 (III 24) = Mugd. 580. — Der Grundsatz der Erlaubtheit ist auch in den Reichsgesetzen zu finden. Vgl. Ges. betr. Aufhebung der a. 11 12. Buch III Tit. 12 des revid. Lübischen Rechtes, sowie der a. 14. 16 Teil III Tit. 12 des Rostocker Stadtrechtes vom 4. 11. 74. In der Literatur sind für diesen Grundsatz eingetreten Werenberg in Jher. Jahrb. Bd. 6, 59, Dernburg, Pr. Pr. 549 A. 16, ders. BR. 241, Randa 116 A. 29.

nicht abzuschneiden. Dabei beruht jedoch der die mittelbaren Einwirkungen behandelnde § 850 E. I auf dem Grundsatze von deren Erlaubtheit. Die Kommission für die zweite Lesung dagegen gab diesen Grundsatz wieder auf und entschied sich dafür,[1] auch indirekte Einwirkungen grundsätzlich als unzulässige Eingriffe in fremdes Eigentum anzusehen und demgemäß dem Eigentümer auch solchen Eingriffen gegenüber ein Ausschließungsrecht zu verleihen. Dem hat sich das BGB. angeschlossen.

Die grundsätzliche Verleihung dieses Ausschließungsrechtes gegenüber auch mittelbaren Einwirkungen bedeutet an sich ebensowenig eine Beschränkung des Eigentums an dem einwirkenden Grundstücke, wie eine Ausdehnung des Rechtes des betroffenen Eigentümers auf das Nachbargrundstück,[2] denn das Ausschließungsrecht ist befriedigt mit der Beseitigung des tatsächlichen Einwirkens in die fremde Rechtssphäre, z. B. durch Vornahme von Maßregeln, die die Einwirkungen unmöglich machen. Nicht aber richtet es sich direkt auf ein Unterlassen der die Einwirkungen hervorbringenden Handlungen. Es beschränkt demnach den Einwirkenden in der tatsächlichen Ausübung seines Eigentumsrechtes nicht; es schließt ihn nicht in gewissem Umfange von seinem Grundstück aus, vielmehr verteidigt es lediglich das Eigentumsrecht gegen die von außen her kommenden Einwirkungen und weist sie bis zu den Grundstücksgrenzen zurück, ohne diese Grenzen zu überschreiten.

Eine wesentliche Einschränkung erhält der Grundsatz des Einwirkungsverbotes zunächst durch die Bestimmung des § 905 Satz 2 BGB. Nach ihr wird dem Grundstückseigentümer das Recht abgesprochen, Einwirkungen zu verbieten, die in solcher Höhe oder Tiefe vorgenommen werden, daß ihm „jedes irgendwie verständliche“, „jedes irgendwie des Schutzes würdige Interesse“[3] an ihrer Ausschließung fehlt.

---

[1] Prot. 3530—3534 (III 123—125) = Mugd. 580/1. Vgl. Denkschr. 126 = Mugd. 972.

[2] Letzteres behauptet Schlossmann in Jher. Jahrb. Bd. 45, 369.

[3] Kuhlenbeck 505; OLG. Celle 18. 10. 02 in OLG. Bd. 5 S. 383 n. 72a. Vgl. Mot. 264 = Mugd. 145/6, Prot. 3529 (III 122) = Mugd. 579. Planck 170. Biermann 102, Dernburg, BR. 207.

Aber auch innerhalb dieser Interessensphäre ist die strenge Durchführung des angenommenen Grundsatzes unmöglich. Es würde „mit den Bedürfnissen des Lebens in einen unversöhnlichen Widerspruch treten“, wollte man „eine jede nicht autorisierte mechanische oder physikalische Hinüberwirkung als eine objektive Rechtswidrigkeit“ erscheinen lassen (Mot. 264 = Mugd. 146). Gewisse Einwirkungen lassen sich gar nicht in bestimmte Grenzen bannen. Wer vermöchte den Rauch, wer Gase oder Dämpfe auf einem Grundstücke festzuhalten; wer vermöchte die Schall- und Lichtwellen zu hemmen, die sich, auf dem einen Grundstück erzeugt, mit physikalischer Notwendigkeit auf andere Grundstücke fortpflanzen? Die konsequente Durchführung des Grundsatzes des Verbotes aller, auch der mittelbaren Einwirkungen würde in vielen Fällen den einwirkenden Eigentümer wegen der Unmöglichkeit einer anderen Beseitigung der vielleicht nur ganz geringfügigen Einwirkungen zur Unterlassung von Handlungen nötigen, die zur wirtschaftlichen Benutzung seines Grundstücks unbedingt erforderlich sind. Es würde die soziale Koexistenz der Menschen unmöglich sein. Hier mußte der Gesetzgeber ausgleichend eingreifen und für gewisse Einwirkungen eine Ausnahme des grundsätzlichen Ausschließungsrechtes festsetzen. Das hat er denn auch getan, wenn er in § 906 BGB. sagt:

„Der Eigentümer eines Grundstückes kann die Zuführung von Gasen, Dämpfen, Gerüchen, Rauch, Ruß, Wärme, Geräusch, Erschütterungen und ähnliche von einem anderen Grundstück ausgehende Einwirkungen insoweit nicht verbieten, als die Einwirkung die Benutzung seines Grundstückes nicht oder nur unwesentlich beeinträchtigt oder durch eine Benutzung herbeigeführt wird, die nach den örtlichen Verhältnissen bei Grundstücken dieser Lage gewöhnlich ist. Die Zuführung durch eine besondere Leitung ist unzulässig.“[1]

In früheren Zeiten mag die Gesetzgebung keine dringende Veranlassung zum Erlaß einer derartigen, die einander wider-

[1] Nach a. 124 EG. BGB. bleibt den Landesgesetzen eine Ausdehnung, nicht aber eine teilweise oder gar völlige Beseitigung dieser Beschränkung des Verbietungsrechtes vorbehalten.

streitenden nachbarlichen Interessen ausgleichenden Vorschrift gehabt haben. Die Quellen des römischen Rechtes enthalten nur Einzelfälle, in denen ein Verbietungsrecht gegen übermäßige mittelbare Einwirkungen — wie z. B. durch Rauch, Steinsplitter usw. — anerkannt wurde,[1] und in dem ALR. fehlte es, wie auch im C. c., an einer hierher gehörenden Gesetzesbestimmung. Nur in einzelnen Partikularrechten (vgl. STOBBE-LEHMANN 355) wurde späterhin dem praktischen Bedürfnisse Rechnung getragen, so im Königreiche Sachsen durch Sächs. BGB. § 358. Für Preußen,[2] Bayern und andere[3] Staaten dagegen hatte die Rechtsprechung ohne besondere gesetzliche Grundlage den Grundsatz zu finden, nach dem die gegenseitigen Nachbarinteressen der strengen Eigentumskonsequenz gegenüber zur Geltung kommen konnten.

Über das österreichische Recht, das eine dem § 906 BGB. entsprechende Vorschrift ebenfalls nicht aufzuweisen hat, zu vgl. RANDA S. 114 ff., insbes. 119 ff.; vgl. unten S. 89 A. 2.

§ 2.

2. Die Eigentumsbeschränkung des § 906 insbesondere.

Wie aus den obigen Ausführungen hervorgeht, normiert der § 906 eine Eigentumsbeschränkung.[4, 5]

---

[1] l. 8, 5—6 Dig. 8, 5; l. 17, 2 Dig. 8, 5; FUNKE 151, REINHARD im A. ziv. Pr. Bd. 30, 217, JHERING in JHER. Jahrb. Bd. 6, 110 ff., 122 ff., HESSE, ebd. Bd. 6, 400 ff., Bd. 8, 112 ff., WINDSCHEID-KIPP 762 A. 7, DERNBURG, Pand. 466, auch OAppG. Oldenburg 14. 3. 74 in SEUFF. A. Bd. 29 n. 218 S. 336.

[2] Für Preußen wurde durch den Plenarbeschluß des ObTrib. vom 7. 6. 52 in ObTrib. Bd. 23, 252 = STRIETH. A. Bd. 5 n. 52 S. 282, ein entsprechendes Klagrecht geschaffen, vgl. KOCH 736.

[3] Für Württemberg vgl. SARWEY in Württembergs Archiv für Recht und Rechtsverwaltung Bd. 1, 1858, S. 139 ff., 159 ff.

[4] Prot. 3523 ff. (III 199 ff.) = MUGD. 577 ff., PLANCK 163, 171, BIERMANN 100, 102, NEUMANN 634, GOLDMANN-LILIENTHAL 33 ff., COSACK 149 Z. 3, 151, KUHLENBECK 504 ff., 509, MATTHIASS 46, DERNBURG, BR. 217 Z. 2, WINDSCHEID-KIPP 760 ff., 762/3. Diese Eigentumsbeschränkung gehört dem sog. „Nachbarrecht" an. A. A. nur GOLDMANN-LILIENTHAL 36, MATTHIASS 46, BUNSEN in BERNHÖFT-BINDER 427 A. 1. Früher nannte man solche Eigentumsbeschränkungen „Legalservituten", und es ist wohl bis heute der Ausdruck gebraucht worden, vgl. STOBBE-LEHMANN 317, MONICH in JHER. Jahrb. Bd. 38, 177.

Beschränkt wird das Eigentum an dem von den Einwirkungen betroffenen Grundstücke,[1] und zwar ohne daß dem Eigentümer des einwirkenden Grundstückes ein dieser Beschränkung entsprechendes Recht eingeräumt würde.[2]

Die Beschränkung liegt in dem Wegfalle des dem betroffenen Eigentümer an sich zustehenden Verbietungsrechtes. Das Gesetz richtet sich mithin unmittelbar gegen das Verbietungsrecht. Nicht richtet es sich gegen den Selbstschutz. Es bleibt vielmehr dem Eigentümer unbenommen, die nach § 906 nicht verbietbaren Einwirkungen durch geeignete Maßnahmen, wie durch Schutzwände, Mauern, Dämme u. dergl. abzuwehren, und dies ohne Rücksicht darauf, ob dadurch die Einwirkungen auf ein drittes Grundstück abgelenkt oder auf dem einwirkenden Grundstücke festgehalten werden.[3]

Diese Bezeichnung ist jedoch ungenau und wäre besser zu beseitigen. So auch Dernburg, Pand. 470, Windscheid-Kipp 761, Endemann 462 A. 8.

Von der gemeinrechtlichen Literatur zu vergleichen die Abhandlungen von Werenberg in Jher. Jahrb. Bd. 6, 1 ff., Jhering, ebd. 81 ff., Hesse, ebd. 377 ff., Spangenberg im A. ziv. Pr. Bd. 9, 265 ff., Hoffmann, auch Pagenstecher 37 ff.

[5] Die gemeinrechtliche Streitfrage, ob diese Eigentumsbeschränkung erst durch das okjektive Recht geschaffen worden und künstlich von außen zu dem Eigentume hinzugetreten, also eine „Beschränkung eines an sich volleren Rechtes“ ist — so das römische Recht, vgl. Werenberg in Jher. Jahrb. Bd. 6, 1 ff., Jhering, ebd. 97, Spangenberg im A. ziv. Pr. Bd. 9, 268 —, oder ob sie vielmehr aus der Natur des Eigentumsverhältnisses selbst entspringt, demnach bereits bei der Entstehung des Eigentumes vorhanden ist und nur eine „immanente Grenze“ des Eigentumsrechtes enthält — so Dernburg, Pand. 464 A. 6, Endemann 470 A. 36, Stier-Somlo im Verw.A. Bd. 6, 318 ff., so auch das ältere deutsche Recht, vgl. Stier-Somlo, a. a. O. 329 m. L. —, ist für das BGB. ohne praktische Bedeutung. Das BGB. schränkt die sich aus dem angenommenen einheitlichen Begriffe des Eigentumes ergebenden Befugnisse des Eigentümers für das Grundeigentum zugunsten benachbarter Grundstücke ein und behandelt diese Einschränkungen als Eigentumsbeschränkungen.

[1] So auch Windscheid-Kipp 762 A. 6, Kuhlenbeck 506, Planck 172 Z. 2, Enneccerus-Lehmann 145.

[2] Landsberg 642.

[3] Mot. 268 = Mugd. 148, Denkschr. 127 = Mugd. 972, Dernburg, Pand. 467 A. 6, Planck 172 Z. 2, Neumann 638, Biermann 103, Goldmann-Lilienthal 36,

Aus diesem Grunde erscheint es uns ungenau, die Eigentumsbeschränkung des § 906 eine zu einem „Dulden“ verpflichtende zu nennen, wie dies überaus häufig geschieht. Heißt doch „eine Einwirkung dulden müssen“ sie hinnehmen, sie sich gefallen lassen müssen, und nicht nur in dem Gebrauche der entsprechenden Klagen beschränkt sein. Mit Recht machte hierauf die Kommission für die zweite Lesung[1] aufmerksam, und wurden durch sie die Worte „hat zu dulden“ im E. II § 820 ersetzt durch die Worte „kann nicht verbieten“, wie sie auch in das BGB. aufgenommen sind.

II. Der Begriff der Einwirkungen im Sinne des § 906.

§ 3.

I. Der leitende Gedanke.

Das Gesetz hat es unterlassen, ein in allen Fällen klar entscheidendes Merkmal der in § 906 BGB. behandelten Einwirkungen anzugeben. Es hat sich vielmehr darauf beschränkt, Beispiele anzuführen und die weitere Entwickelung des leitenden Gedankens der Praxis zu überlassen (Mot. 264/5 = Mugd. 146). Um nun einen maßgebenden Gesichtspunkt für die Beurteilung des Begriffes der Einwirkungen im Sinne des § 906 BGB. zu finden, wollen wir zunächst die vom Gesetzgeber angeführten Beispiele betrachten.

Das Gesetz spricht im allgemeinen von einer „Zuführung“. Diese Bezeichnung ist jedoch nicht für alle der aufgezählten Einwirkungen in gleicher Weise passend. Das geht aus folgenden Erwägungen hervor:

Gase, Dämpfe und Gerüche stehen gewissermaßen auf einer Stufe. Die Gase sind luftartige, die Dämpfe wiederum gasartige Körper. Gerüche sind Empfindungen, die man mittels des Riechnerves wahrnimmt. Es vermögen nun aber nur gasförmige Substanzen den Riechnerv zu erregen, und so bedeutet „die Zuführung von Gerüchen“ genau genommen weiter nichts, als die Zuführung

---

Staudinger-Kober 128, Fischer-Henle 484, Landsberg 643, Meisner 75/6, Turnau-Förster 287, Männer 120, Müller-Meikel 735, Ortloff 243.

[1] Prot. 3534 (III 125) = Mugd. 581.

gasförmiger Körper, die Geruchsempfindungen hervorzubringen imstande sind.

Unter Rauch versteht man teils Materien dampf- oder gasförmiger Natur, teils äußerst fein zerteilte feste Stoffe, die von den gasförmigen mit fortgerissen werden. Und Ruß ist ein fein verteilter Kohlenstoff, der sich bei unvollkommener Verbrennung aus einer Flamme abscheidet.

Die „Zuführung“ der bisher genannten Stoffe und die durch sie erfolgenden Einwirkungen liegen demnach in einem tatsächlichen Eindringen von Körpern in die Rechtssphäre des beeinträchtigten Grundstückes. Anders ist es mit den übrigen im Gesetze genannten Einwirkungen. So besteht eine Einwirkung durch Wärme in einer Bewegung der kleinsten Körperteilchen, der sog. Moleküle.[1] Durch diese Bewegung werden die Moleküle in gewisse weithin wirkende Schwingungen versetzt, und diese Schwingungen empfinden wir als Wärme. In ähnlicher Weise entstehen auch die Einwirkungen durch Geräusche und Erschütterungen. Es werden an einem bestimmten Punkte außerhalb der Rechtssphäre des leidenden Grundstückes befindliche Luft- oder Erdteilchen erschüttert. Die Erschütterungen werden von Teilchen zu Teilchen weitergegeben, sei es als Schallwelle durch die Luft, sei es als eine fortlaufende Welle durch die Teile des Erdbodens, und zwar oft weit hinaus über die Grenzen des Ursprungsgrundstückes. Diese Wellen sind es dann, die die Geräusche und Erschütterungen verursachen.[2]

Die Einwirkungen dieser zweiten Gruppe bestehen also nicht in dem Eindringen irgendwelcher Körper in das leidende Grundstücksgebiet, sondern vielmehr in einem von außen her erfolgenden Bewegen seiner Stoffteile.[3]

Alle die im Gesetze beispielsweise angeführten Einwirkungen nun, mögen sie der ersten oder der zweiten Gruppe angehören,

---

[1] So die sog. mechanische Wärmetheorie, durch die die sog. Wärmestofftheorie, nach der ein eigentümlicher unwägbarer Wärmestoff — ein Imponderabile — angenommen wurde, verdrängt worden ist.

[2] Vgl. unten S. 18 A. 4.

[3] Diese Unterscheidung scheint E. I § 850 gemeint zu haben, wenn er von der „Zuführung oder Mitteilung“ von Gasen usw. spricht.

haben das eine gemein, daß sie sich nicht ohne weiteres in bestimmte Grenzen bannen lassen, und daß ihre strenge Ausschließung die wirtschaftliche Benutzung des einwirkenden Grundstückes erheblich schädigen oder unmöglich machen würde. Diese ihre gemeinsame Eigenschaft ist der Begriffsbestimmung unserer Einwirkungen zugrunde zu legen. Zweifellos entspricht dies auch dem gesetzgeberischen Zwecke, der in § 906 verfolgt wird.

Wenn das Gesetz hinsichtlich der ersten Gruppe nur Beispiele vom Eindringen feinster und feiner Körper bringt, so ist damit nicht gesagt, daß auf das Eindringen von Körpern, die nicht zu den feinen und feinsten Substanzen gerechnet werden können, also von festen und flüssigen Körpern oder von Tieren, die Ausnahmevorschrift des § 906 absolut unanwendbar sei.[1] Die Motive[2] haben ja vielmehr, wie bereits erwähnt, die weitere Entwickelung des Begriffes der in § 906 behandelten Einwirkungen der Praxis überlassen und haben zugleich unter Verweisung auf RG. 23. 9. 84 III 119/84 in RG. Bd. 12 n. 42 S. 173 die „Immission von Bienen" beispielsweise angeführt und damit erklärt, daß eine Ausdehnung der Gesetzesvorschrift auch auf andere als feine und feinste Körper gar wohl zulässig ist. Natürlich wird eine solche Ausdehnung nur auf das Eindringen von Körpern möglich sein, die ein verhältnismäßig geringes Volumen haben, da wohl nur in diesen Fällen die bezeichneten einheitlichen Eigenschaften vorliegen werden.

Nach alledem kommen wir zu folgender Begriffsbestimmung:[3]

Unter den Einwirkungen auf ein Grundstück im Sinne des § 906 hat man zu verstehen

1. jedes Eindringen von Körpern mit verhältnismäßig geringem Umfang in die Eigentumssphäre eines Grundstückes, das

[1] So auch Staudinger-Kober 128, Meisner 69, Matthiass 46. A. A. Biermann 103, Planck 172, Neumann 636, Goldmann-Lilienthal 35, Fischer-Henle 484, Kretzschmar 28, Turnau-Förster 287 A 11, Männer 119, Ortloff 243, neuerdings auch Endemann 469, mit Ausnahme der Bienen, sofern sich ihr Überfliegen in mäßigem Umfange hält (and. in der 3.—7. Aufl. Bd. II 286).

[2] Mot. 265 = Mugd. 146, vgl. Prot. 3532 (III 124) = Mugd. 580/1.

[3] Über den Einwirkungsbegriff vgl. die oben S. 8 A. 4 Abs. 2 genannten Abhandlungen, auch Funke 156, Gesterding 398, 401, Sturm 40.

nicht ohne weiteres verhindert werden kann, und dessen grundsätzliche Ausschließung die wirtschaftliche Benutzung des einwirkenden Grundstückes wesentlich schädigen würde, und

2. jedes von außen her erfolgende Bewegen des zu dieser Eigentumssphäre gehörenden Stoffes.

Die Motive (Mot. 264 = Mugd. 146) und viele, insbesondere die gemeinrechtlichen Schriftsteller nennen diese Arten der Hinüberwirkungen „Immission von Imponderabilien". Die Bezeichnung ist jedoch ungenau. Einerseits umfaßt schon das Wort „Immission" streng genommen nur die erste Gruppe unserer Einwirkungen,[1] andererseits beschränken sich die Einwirkungen des § 906 keineswegs auf „Imponderabilien". Wir halten die allgemeine Bezeichnung „Einwirkung auf ein Grundstück" — sie ist auch im § 906 BGB. neben dem ungenauen Ausdrucke „Zuführung", sowie im § 26 Gew.O. gebraucht — zu einer Verwendung als terminus technicus durchaus geeignet[2] und werden daher, wie bisher, von den „Einwirkungen auf ein Grundstück im Sinne des § 906", kurz von den „Einwirkungen des § 906" sprechen.

2. Die einzelnen Einwirkungen.

§ 4.

a) Die Einwirkungen der ersten Gruppe.

Zu den Einwirkungen der ersten Gruppe gehört nach dem von uns aufgestellten leitenden Gedanken das Eindringen von Gasen, Dämpfen, Rauch, Ruß, Gerüchen,[3]

---

[1] Sturm 43 schlägt für die Einwirkungen durch Eindringen von Körpern den Ausdruck „echte" und für die Einwirkungen durch Stoffbewegung den Ausdruck „scheinbar echte Immission" vor.

[2] So auch Monich in Jher. Jahrb. Bd. 38, 190. — Cosack 152 gebraucht die Bezeichnung „Fernwirkung".

[3] Hinsichtlich aller dieser Einwirkungen E. I § 850, II § 820, BGB. § 906, vgl. Sächs. BGB. § 358, C. c. a 674, Zür. GB. §§ 617 f. in Stobbe-Lehmann 355 A. 39. So auch die gemein- und partikularrechtliche Doktrin

Dunst,[1] Staub,[2] Asche,[3] Steinsplittern,[4] von aus dem oberhalb gelegenen Steinbruche herabrieselndem Gestein oder Sand,[5]

---

und Praxis. Allein hinsichtlich der Gerüche herrschte vor 1900 Streit. Anerkannt wurde ein Klagrecht wegen übermäßiger Geruchseinwirkungen von JHERING in JHER. Jahrb. Bd. 6 S. 111/2, 121, 127 — wenn er auch den Gesichtspunkt der Immission nicht geltend macht — ferner, und zwar unter dem Gesichtspunkte der Immission von GESTERDING 398, FUNKE 173 ff., 176 A. 30, DERNBURG, Pand. 467, WINDSCHEID-KIPP 768/9 A. 20, KELLER 214, KUHLENBECK 509 A. 2, STURM 47, ROTH-BECHER 118 A. 94, DERNBURG, Pr.Pr. § 220 A. 22, FÖRSTER-ECCIUS 165, RANDA 121 A. 33; — vgl. l. 2 § 29 Dig. 43, 8 j. pr. § 26—28 eod. Dagegen wollte SPANGENBERG, im A. priv. Pr. Bd. 9, 271, nur gegen das „Hinüberführen von etwas Körperlichem" Rechtsschutz gewähren und verwies unter Berufung auf l. 2 § 29 Dig. 43, 8 und l. 17 § 2 Dig. 8, 5 wegen der Belästigung der Sinne, worunter er die Gerüche rechnet, auf polizeiliche Hilfe. So auch WERENBERG in JHER. Jahrb. Bd. 6, 53, PAGENSTECHER 120. Gegen diese Ansicht RG. 29. 3. 82 I 705. 81 in RG. Bd. 6 n. 61 S. 217 ff. Die gemeinrechtliche, wie die partikularrechtliche Praxis, mit Ausnahme der sächsischen, folgte der ersteren, vom BGB. angenommenen Ansicht. Das Sächs. Recht dagegen führte die Erregung von Gerüchen im § 358 Sächs. BGB. nicht mit an und wollte auch § 358 nicht auf Gerüche ausgedehnt wissen. Daher blieb nach Sächs. Recht dem belästigten Grundstückseigentümer, soweit der Geruch nicht mit Dunst, Dampf, Rauch, Ruß oder Staub verbunden war, und soweit § 359 nicht Platz griff, nur polizeiliche Hilfe übrig, vgl. SIEBENHAAR 341, SINTENIS, Anleit. 113.

[1] Sächs. BGB. § 358.

[2] So die gemeinrechtliche Wissenschaft und Praxis (vgl. § 358 Sächs. BGB.), für das neue Recht BIERMANN 103, PLANCK 172, GOLDMANN-LILIENTHAL 35, FISCHER-HENLE 484, NEUMANN 636, KUHLENBECK, BGB. 71, COSACK 152. HÖRLE 367, KNIEP 438, MEISNER 68, ferner RG. 22. 11. 00 V 217. 00 in GRUCH. Bd. 46 n. 17 S. 370 = JW. 00, 890; RG. Beschl. 13. 5. 03 in GRUCH. Bd. 48 n. 52 S. 916; OLG. Dresden 3. 7. 04 in Sächs. OLG. Bd. 25 n. 39 S. 515.

[3] BIERMANN 103, KUHLENBECK BGB., 71, PLANCK 172, MEISNER 68, HÖRLE 367; RG. 19. 11. 97. III 186. 97 in RG. Bd. 40 n. 49 S. 182 = JW. 98 S. 17 n. 46 = SEUFF. A. Bd. 53 S. 324 n. 180; RG. 12. 12. 00 V 240. 00 in RG. Bd. 57 n. 53 S. 229 = SEUFF. A. Bd. 56 S. 181 n. 104 = GRUCH. Bd. 45 S. 1013 n. 9.

[4] COSACK 152, MEISNER 68, vgl. l. 8 § 5 Dig. 8, 5. A. A. ENDEMANN 469 A. 35.

[5] Prot. 3533 (III 124) = MUGD. 581. A. A. BIERMANN 103 usw. wie oben S. 11 A. 1.

ferner von elektrischen Strömen,[1] Funken,[2] Feuer,[3] Pilzkeimen,[4] Kugeln,[5] Feuchtigkeit,[6] Wasserstaub.[7]

Ebenso gehört das Überfliegen von Bienen,[8] soweit sie nicht in ganzen Schwärmen angeflogen kommen, und von Tauben,[9] sowie das Eindringen von Mäusen und Ratten[10] zu den Einwirkungen des § 906.

[1] Biermann 103, Neumann 636, Planck 172, Fischer-Henle 484, Goldmann-Lilienthal 35, Endemann 470 A. 37, Männer 119 A. 19, Meisner 68, Dernburg BR. 242, Windscheid-Kipp 763, Kniep 440 c, Hörle 367, OLG. Darmstadt 15. 3. 86 in Seuff. A. Bd. 42 S. 142 n. 100.

[2] Scherer II 1270, Meisner 68, 292, Dernburg, Pand. 467, ders., Pr. Pr. 550 A. 21, Hörle 367 A. 10, Schellhass 30 A. 7. So auch die Praxis vor 1900. Nach 1900 OLG. Köln 10. 6. 03 in OLG. Bd. 7 S. 29 n. 4c; RG. 11. 5. 04 V 415. 03 in RG. Bd. 58 n. 32 S. 130 = JW. 04 S. 360 n. 16. A. A. Endemann 469 A. 35.

[3] Hörle 367.

[4] Das sind Pilze, die sich auf Berberitzensträuchern entwickeln und notorisch Rost in den Roggenfeldern erzeugen. ObTrib. 23. 6. 74 in Strieth. A. Bd. 95 S. 1 n. 1; Koch 743, Dernburg, Pand. 467, Meisner 68, Goldmann-Lilienthal 35.

[5] Meisner 68, Hörle 367 A. 10; ObTrib. 17. 1. 77 in Seuff. A. Bd. 34 n. 94 S. 142; RG. 11. 5. 01 V 77. 01 in Gruch. Bd. 45 n. 92 S. 1016.

[6] Dernburg, Pand. 467, Funke 174, Hörle 367, vgl. l. 17 § 2 Dig. 8, 5. — OAppG. Jena in Seuff. A. Bd. 33 n. 4 S. 6 ff. 8; OLG. Dresden 28. 10. 98 in Sächs. OLG. Bd. 20 n. 24 S. 250 (Feuchtigkeitsniederschlag durch Eiskelleranlage).

[7] Meisner 69.

[8] Mot. 265 = Mugd. 146; Prot. 3533 (III 124) = Mugd. 581; Kuhlenbeck, BGB. 71, Dernburg, BR. 242 A. 13, Hörle 367 A. 10, Roth-Becher 120 A. 97, Meisner 69, Kuhlenbeck „Zum Bienenrecht" im Recht 04, 309 (vgl. ebd. S. 407 n. 445), wohl auch Endemann 469 A. 35, vgl. Biermann, Privatrecht und Polizei in Preußen 1897, Berlin, Jul. Springer S. 172. — OLG. Braunschweig 19. 3. 84 in Seuff. A. Bd. 40 n. 279 S. 403, bestätigt durch RG. 23. 9. 84 III 119. 84 in RG. Bd. 12 n. 42 S. 173 = JW. 84, 281 = Seuff. A. Bd. 40 n. 183 S. 272 = Scherer III 96; OLG. Stuttgart 6. 12. 88 in Seuff. A. Bd. 47 n. 97 S. 140; OLG. Stuttgart 15. 12. 99 im Sächs. A. Bd. 12 S. 293 n. 12. A. A. Biermann 103 usw. wie oben S. 11 A. 1; auch Strauss in DJZ. 03, 367, der auf das Eindringen von Bienen einzig und allein § 833 BGB. angewendet wissen will.

[9] Prot. 3533 (III 124) = Mugd. 581; Hörle 367 A. 10, Roth-Becher 123, Meisner 69; Erk. d. obersten Gerichtshofes für Bayern 18. 12. 76 in Seuff. A. Bd. 33 n. 5 S. 8 = Bayr. ObLG. Bd. 6, 400. A. A. wiederum Biermann 103 usw. wie oben S. 11 A. 1.

[10] Meisner 69.

Diese Tiere sind Körper von verhältnismäßig geringem Umfange. Dabei ist ihr Festhalten auf einem Grundstücke, was Ratten und Mäuse betrifft, geradezu unmöglich, und hinsichtlich der Bienen und Tauben, wenn auch nicht unmöglich, so doch nach der Beschaffenheit der Tiere, denen eine rationelle Wirtschaft den Ausflug gestatten muß, untunlich. Eine strenge Ausschließung des Eindringens dieser Tiere würde demnach den Eigentümer des einwirkenden Grundstückes in einer Weise schädigen, die in den meisten Fällen in keinem Verhältnisse zu der durch die Einwirkungen erfolgenden Beeinträchtigung stehen dürfte. Der Bienenzüchter müßte die Bienenzucht, der Taubenhändler seinen Taubenhandel aufgeben. Gewerbebetriebe, wie die Aufbewahrung von Tierfellen, das Lagern von Getreide, mit denen vielfach Ratten- und Mäuseplagen verbunden sind, müßten auch bei dem Eindringen von nur wenig Ratten und Mäusen in das Nachbargrundstück ohne weiteres eingestellt werden.

Auch in diesen Fällen liegen also die Merkmale unserer Einwirkungen vor. Entsprechendes gilt von dem Eindringen von Fliegen, die sich z. B. in den Stallungen des Nachbarn ansammeln und dann auf die Nachbargrundstücke hinüberfliegen.

Nicht dagegen ist dies der Fall bei anderen Tieren, wie Kaninchen, Hühnern oder gar Katzen und Hunden. Ein Eindringen solcher Tiere auf fremde Grundstücke ist daher keine Einwirkung des § 906.[1]

Auch das Eindringen nicht in der Luft suspendierter Flüssigkeiten in ein Grundstücksgebiet ist eine Einwirkung des § 906, soweit die hierzu erforderlichen Eigenschaften (vgl. ob. S. 11 Z. 1) dieses Eindringens vorliegen.[2] So fällt unter § 906 das Eindringen

---

[1] Meisner 69. — Matthiass 46 spricht allgemein von der Zuführung von Tieren, ohne Unterschied. Ebenso Bähr § 920 S. 204, der Aufnahme der Worte „des Andranges von Tieren" in die Vorschrift des § 906 forderte, vgl. Prot. 3530 (III 124) = Mugd. 580.

[2] Grunds. A. A. Planck 172, Neumann 636, Turnau-Förster 287, Goldmann-Lilienthal 35, Meisner 69, auch Mot. 265 = Mugd. 146. Die Motive führen jedoch keinen Grund dafür an, weshalb sie, die doch die weitere Entwickelung des leitenden Gedankens des § 906 der Praxis überlassen haben, diese weitere Entwickelung gerade hinsichtlich des Eindringens der nicht in der Luft suspendierten Flüssigkeiten gehemmt wissen wollen.

von Wassertropfen,[1] das Ablaufen von Spülwasser von einem Grundstück auf das andere, das Fallen der Dachtraufe auf fremden Grund und Boden,[2] auch das Eindringen von Jauche durch die die Grundstücke trennende Mauer.[3]

Nicht aber kommt § 906 in Betracht, soweit die Regelung des Eindringens von Wasser dem Wasserrecht angehört. Denn dieses ist durch a. 65 EG. BGB. vollkommen der Landesgesetzgebung vorbehalten.[4, 5]

Das Wort „Wasserrecht" ist hierbei im weitesten Sinne zu nehmen, so daß unter den Vorbehalt des a. 65 die Vorschriften

[1] Cosack 152; OAppG. Lübeck 19. 7. 77 in Seuff. A. Bd. 34 n. 99 S. 149 (Herabfallen von Wassertropfen aus aufgehängten hin- und herflatternden Wäschestücken); OLG. Dresden 28. 10. 98 in Sächs. OLG. Bd. 20 n. 24 S. 250 (tropfenweises Durchsickern von Schmelzwasser aus Eiskelleranlage).

[2] Vgl. Sächs. BGB. § 358, Kloss 120 Z. 5.

[3] Vgl. l. 17 § 2 Dig. 8. 5. — Dernburg, Pr.Pr. 550 A. 21; ObTrib. 5. 11. 61 in Strieth, A. Bd. 44 n. 57. OAppG. Oldenburg 14. 3. 74 in Seuff. A. Bd. 29 n. 218 S. 333; ObTrib. 29. 9. 74 in Seuff. A. Bd. 30 n. 233 S. 338. A. A. Endemann 469 A. 35.

[4] E. I § 856 enthielt zwar eine Bestimmung über den „infolge der natürlichen Bodenverhältnisse stattfindenden Wasserabfluß" von einem Grundstück auf das andere. Die zweite Kommission hat jedoch diesen Paragraphen mit Rücksicht auf den allgemeinen Vorbehalt des a. 65 wieder gestrichen. Prot. 3551 (III 133) = Mugd. 588.

[5] Von den in Veranlassung des BGB. erlassenen landesgesetzlichen Vorschriften sind insbes. hervorzuheben die Ausführungsgesetze zum BGB. von Bayern a. 147/8, Hessen a. 281/2, Elsaß-Lothringen §§ 44—61 und Hamburg §§ 51—56, sowie das badische Wassergesetz vom 26. Juni 1899. Umfassende Angaben der in Frage stehenden landesgesetzlichen Vorschriften in Kuhlenbeck, BGB. 563/4 A. 2 und Neumann, Bd. 3 S. 85.

Das Königreich Sachsen hat es zu einer umfassenden Kodifikation seines Wasserrechtes noch nicht gebracht. Über die seit Mitte des vorigen Jahrhunderts mehrfach ausgearbeiteten Entwürfe eines Wasserrechtes konnte niemals eine Einigung der gesetzgebenden Faktoren herbeigeführt werden. Insbes. gilt dies von dem in der Landtagstagung 1901/2 den Ständen vorgelegten Entwurfe (vgl. Entwurf eines Wassergesetzes für das Königreich Sachsen mit Begründung im Sächs. A. 1899 Beilagsheft III, ferner Opitz, Der Entwurf usw. im Sächs. A. 1902, Ergänzungsband S. 433—488, und Richter, desgl. im Sächs. A. Bd. 9 S. 657—685). Dem Vernehmen nach wird dem 1905/6 tagenden Landtage ein neuer Entwurf vorgelegt werden. — Über das zur Zeit in Sachsen geltende Wasserrecht Kloss 206, Kretzschmar 77—84.

über alle Arten des Wassers (Fluß-, Quell- und Grundwasser) einschließlich des Uferrechtes fallen.[1] Sache des Wasserrechtes ist es auch, die Frage zu beantworten, inwieweit den Anliegern eines Flusses ein Verbietungsrecht gegen die Zuführung von Abwässern und überhaupt von Flüssigkeiten zusteht, die infolge der Bodenverhältnisse oder der menschlichen, wirtschaftlichen Tätigkeit, insbesondere durch Industrie oder Bergbau auftauchen oder Abfluß suchen.[2] Nur, soweit die landesgesetzlichen Vorschriften des Wasserrechtes über diese Frage nichts sagen, sind die allgemeinen Grundsätze maßgebend, die in § 906 BGB. aufgestellt sind.[3]

Dagegen fällt die Zuführung von Abwässern und sonstigen Flüssigkeiten in einen Fluß dann, aber auch nur dann unmittelbar, und nicht erst subsidiär, unter § 906, wenn infolge dieser Zuführung Dämpfe, Gase oder Gerüche aus dem Flusse aufsteigen und in die Eigentumssphären der anliegenden Grundstücke eindringen,[4] oder wenn durch die Abwässer das Grundwasser eines Grundstückes mit chemischen Stoffen versetzt wird, die sich weiter verbreiten, am Grund und Boden festsetzen und somit ebenfalls in das anliegende Grundstücksgebiet eingreifen.[5] Mit

[1] Kretzschmar 77.

[2] KB. 5 = Mugd. 997; Meisner 70, 190/1, Eck 97.

[3] Dernburg, BR. 416. Im Gebiete des ALR. wird die Befugnis des unterhalb angesessenen Uferbesitzers, der über das Maß des Gewöhnlichen hinausgehenden Zuführung unreiner Stoffe zu widersprechen, aus den allgemeinen Grundsätzen des Nachbarrechtes hergeleitet, und zwar ist deren Anwendung dadurch möglich, daß die Privatflüsse nach dem ALR. im Eigentume der Anlieger stehen. RG. 2. 6. 86 V 334. 85 in RG. Bd. 16 S. 178 n. 41; RG. 18. 9. 86 V 76. 86 in JW. 86 S. 324 n. 32; RG. 4. 12. 86 V 220. 86 in JW. 87 S. 50 n. 50; RG. 5. 2. 87 V 308. 86 in JW. 87 S. 73 n. 35; RG. 12. 11. 96 VI 147. 96 in RG. Bd. 38 n. 73 S. 266; RG. 22. 12. 97 V 101. 97 in JW. 98 S. 111 n. 8. — Für das Gebiet des nach a. 65 EG. BGB. und nach a. 89 Abs. 2 des preuß. Ausführ.-G. zum BGB. aufrecht erhaltenen rheinischen Wasserrechtes (a. 640, 643, 645 C. c.) ist die Anwendung des § 906 ausgeschlossen, einmal, weil nach ihm die Privatflüsse im Eigentume niemandes stehen, und außerdem wegen der Sondervorschrift des a. 645 C. c., vgl. RG. 15. 11. 02 V 419. 02 in RG. Bd. 53 n. 13 S. 43.

[4] RG. 15. 11. 02 V 419. 02 in RG. Bd. 53 n. 13 S. 43ff., insbes. 48.

[5] RG. 4. 6. 04 V 523. 03 in Gruch. Bd. 48 n. 98 S. 938 = Recht 05 S. 107 n. 430.

anderen Worten, die Vorschrift des § 906 findet unmittelbar stets dann Anwendung, wenn eine tatsächliche Einwirkung auf die Eigentumssphären der angrenzenden Grundstücke selbst, und nicht nur eine Einwirkung auf den Fluß, eine Beeinträchtigung der Gebrauchsfähigkeit des Flußwassers, mithin nur ein Eingriff in die am Wasser bestehenden Benutzungsrechte vorliegt.[1]

§ 5.

b) Die Einwirkungen der zweiten Gruppe.

Zu den Einwirkungen der zweiten Gruppe, die durch das von außen her erfolgende Bewegen der zu der Eigentumssphäre eines Grundstückes gehörenden Stoffteilchen hervorgerufen werden, gehören die Einwirkungen durch Erregung von Wärme[2] und Kälte,[3] von Geräuschen[4] und

---

[1] So auch Meisner 191. — Vgl. RG. 3. 5. 02 V 83. 02 in JW. 02. B. n. 125 S. 240 = DJZ. 02 S. 335 n. 64. A. A. RG. 15. 12. 00 V 252. 00 in Gruch. Bd. 45 n. 89 S. 1009 = JW. 01, 52 = JW. B. 00/02 S. 64 = D.JZ. 01 S. 214 n. 26 = Fischers Z. Bd. 23 S. 180, das bei jeder Einleitung von schädlichen und verunreinigenden Substanzen in einen Bach, dessen Wasser von den anliegenden Grundstückseigentümern benutzt wird, § 906 direkt angewendet wissen will, da es sich nicht um eine Wasserrechtsstreitigkeit handele.

[2] E. I § 850, II § 820. BGB. § 906, vgl. C. c. a. 674. So auch die gemeinrechtliche Praxis: OAppG. Jena in Seuff. A. Bd. 33 n. 4 S. 6; RG. 20. 10. 99 III 163. 99 in JW. 99 S. 757 n. 38 (Backofen). A. A. im gem. Rechte Spangenberg im A. ziv. Pr. Bd. 9, 271, Werenberg in Jher. Jahrb. Bd. 6, 53 und Pagenstecher 120. Sie rechneten, getreu ihrem oben S. 12 A. 3 angeführten Grundsatze, die Wärme als Belästigung der Sinne nicht zu den „Immissionen", verwahrten dem Grundstückseigentümer daher den Rechtsschutz gegen Wärmeeinführungen und räumten ihm einen Anspruch auf polizeiliche Hilfe ein. Gegen diese Ansicht ausdrücklich Funke 176 und allgemein RG. 29. 3. 82 I 705. 81 in RG. Bd. 6 n. 61 S. 219.

[3] Biermann 103, Planck 172, Matthiass 46, Endemann 470 A. 37, Meisner 68. RG. V 344. 97 in Turnau-Förster 285; OLG. Dresden 28. 10. 98 in Sächs. OLG. Bd. 20 n. 24 S. 250 (Eiskelleranlage).

[4] E. II § 820; BGB. § 906, vgl. C. c. a. 674, Zür. GB. §§ 617 ff. in Stobbe-Lehmann 355 A. 39. Auch ohne die ausdrückliche Erwähnung der Geräusche in § 906 BGB. wären sie unter die Gesetzesbestimmung gefallen.

Denn entweder wären sie zu den „Erschütterungen" des Gesetzes zu rechnen gewesen — sind sie doch Erschütterungen der Luftteilchen — oder sie hätten, wenn man die „Erschütterungen" nur als „Erderschütterungen" auffassen will, wegen ihrer Ähnlichkeit mit diesen und mit der Wärme zu den „ähnlichen" Einwirkungen des Gesetzes gehört. Vgl. ob. S. 10. So auch Grützmann im Sächs. A. Bd. 5, 755.

Im gem. Rechte herrschte lebhafter Streit darüber, ob Geräusche unter den Begriff der Immission fielen oder nicht, ob man also gegen übermäßigen Lärm klagweise vorgehen könne oder lediglich auf Polizeihilfe angewiesen sei. Es haben ein klagweise geltend zu machendes Verbietungsrecht anerkannt: Jhering in Jher. Jahrb. Bd. 6, 111, Hoffmann 270, Windscheid-Kipp 768 A. 20, Keller 214, Dernburg, Pand. 467, ders., Pr.Pr. 550/1 A. 22, Koch 394, Sturm 47, Stobbe-Lehmann 354, 356, Kuhlenbeck 509 A. 2, Randa 121 A. 33. Ebenso Bay. OLG. 2. 6. 81 in Seuff. A. Bd. 38 n. 6 S. 8; RG. 29. 3. 82 I 705. 81 in RG. Bd. 6 n. 61 S. 217 = JW. 82, 144 = Seuff. A. Bd. 38 S. 11 n. 7 = Scherer III 97; RG. 25. 11. 82 V 551. 82 in JW. 83 S. 22 n. 29 = Gruch. Bd. 27 S. 907 n. 40; RG. 12. 2. 84 III 284. 83 in JW. 84 S. 150 n. 40; OLG. Braunschweig 16. 3. 88 in Seuff. A. Bd. 44 n. 6 S. 6; dasselbe Gericht 6. 7. 88 ebd. S. 9; RG. 7. 5. 89 II 64. 89 in JW. 89 S. 239 n. 18; RG. 15. 1. 90 V 238. 89 in Seuff. A. Bd. 45 n. 240 S. 396 = Gruch. Bd. 34 S. 476 n. 11 = JW. 89 S. 51 n. 17 = Scherer III 97; RG. 24. 9. 90 V 170. 90 in JW. 90 S. 364 n. 11; RG. 0. 5. 91 V 59. 91 in Bolze Bd. 12 n. 48; Bay. OLG. 27. 6. 92 in Seuff. A. Bd. 48 n. 171 S. 266; RG. 21. 4. 93 III 11. 93 in Bolze Bd. 16 n. 65 = JW. 93 S. 315 n. 32 = Scherer III 97; RG. 6. 4. 94 III 41. 94 in JW. 94 S. 268 n. 26; RG. 19. 9. 94 V 92. 94 in Bolze Bd. 19 n. 57; RG. 25. 4. 96 V 332. 95 in JW. 96 S. 305 n. 33; RG. 15. 5. 96 III 37. 96 in Seuff. A. Bd. 52 n. 146 = JW. 96 S. 361 n. 36; OLG. Colmar 7. 5. 98 in DJZ. 00. 76 VI 1. — Das gen. Urteil des RG. v. 29. 3. 82 gibt jedoch nicht deshalb eine Klage, weil sich das Geräusch als Erregung in die fremde Eigentumssphäre eindringender Schallwellen und somit als ein tatsächlicher Eingriff in das Eigentumsgebiet des Nachbarn darstellt, sondern weil es in dem Geräusch eine Eigentumsverletzung sieht, die in einer Verhinderung oder Erschwerung der Benutzbarkeit des Grundstückes aus einem Grunde liegt, „der sich gegen die Menschen selbst richtet, deren Bedürfnis durch die an dieser Stelle befindliche Sache befriedigt werden soll". Richtig dagegen faßt das angeführte RG.-Urteil vom 25. 11. 82 die Einwirkungen durch Geräusche auf. — Keine Klage wegen übermäßiger Geräusche gewähren Spangenberg im A. ziv. Pr. Bd. 9, 271, Werenberg in Jher. Jahrb. Bd. 6, 53, insbes. A. 32, Pagenstecher 120, Schellhass 17, 118, 121 A. 7, Roth-Becher 118 A. 94, 198. Ebenso RG. 20. 6. 82 I 94. 82 in JW. 82, 176. So auch das sächsische Recht, vgl. Sintenis, Anleit. 113, Siebenhaar 343, ferner OAppG. Dresden 20. 8. 57 in Seuff. A. Bd. 12 n. 133 S. 165 = Gruch. Bd. 6, 122/3; LG. Leipzig 1. 3. 90 V Cg. 33. 89 im Sächs. A. Bd. 1, 223;

Erschütterungen,[1] sowie durch Erzeugung von Licht und von Lichtreflexen,[2] wie sie z. B. durch Scheinwerfer oder durch den Anstrich einer Mauer mit blendend weißer Farbe hervorgerufen werden.

§ 6.

c) Einwirkungen, die nicht unter § 906 fallen.

Alle Einwirkungen, die den oben S. 10—12 angegebenen Anforderungen nicht entsprechen, fallen nicht unter § 906 BGB. So gehören insbesondere die sog. „idealen Immissionen" nicht zu den von uns zu behandelnden Einwirkungen.[3] Sie berühren zwar das Empfinden der beteiligten Personen; sie beeinträchtigen wohl auch den Genuß des Eigentümers, verursachen ein Sinken des Verkaufswertes, ein Sinken der Mietpreise, nicht aber wirken sie, wie dies § 906 unbedingt erfordert, tatsächlich körperlich in sinn-

---

OLG. Dresden 2. 4. 95 im Sächs. A. Bd. 5, 792 (a. A. jedoch OLG. Dresden 14. 4. 93 im Sächs. OLG. Bd. 15 n. 4 S. 48).

Die gleiche Ansicht vertrat der E. I § 850. Er führte die Geräusche absichtlich nicht mit an, da „die exzessive Immission von Geräuschen nicht als Eigentumsverletzung zu gelten habe, und die Schaffung der notwendigen Abhilfe und des notwendigen Schutzes der Polizeigesetzgebung überlassen" sei (Mot. 266 = Mugd. 147). Dieser Standpunkt des E. I wurde bald heftig bekämpft. Für ein Klagrecht wegen übermäßiger Geräusche sprachen sich aus: Hessen in Äuß. der Bundesreg. 9, ferner Bähr 204, Hübbe im A. bürg. R. Bd. 6, 200. Daraufhin wurde in der Kommission für die 2. Lesung die Aufnahme des Wortes „Geräusche" in die Gesetzesbestimmung beantragt (Prot. 3530 ff. [III 123] = Mugd. 580 ff.) und angenommen. So kam es in den E. II § 820 und in § 906 BGB.

[1] E. I § 850, II § 820, BGB. § 906. So auch die gemein- und partikularrechtliche Doktrin und Praxis. Allein das sächsische Recht verweigerte dem durch Erschütterungen seines Grundstückes beeinträchtigten Eigentümer das Klagrecht. Vgl. Sintenis, Anleit. 113, OLG. Dresden 14. 4. 98 in Sächs. OLG. Bd. 20 n. 10 S. 64.

[2] Mot. 264, 266 = Mugd. 146/7. So auch Biermann 103, Planck 172, Goldmann-Lilienthal 35, Kuhlenbeck, BGB. 71, Matthiass 46, Endemann 470 A. 37, Enneccerus-Lehmann 145, Cosack 152, Windscheid-Kipp 763, Meisner 68, Hörle 367.

[3] Biermann 103, Kuhlenbeck, BGB. 71, Staudinger-Kober 126, Fischer-Henle 484, Dernburg, BR. 242, Endemann 471 A. 42, Goldmann-Lilienthal 37 A. 38.

lich wahrnehmbarer Weise[1] auf die fremdem Eigentumsrecht unterliegenden Grundstücke ein. So ist das Verbauen einer Aussicht, das bloße Hineinsehen in ein Grundstück[2] ebensowenig eine Einwirkung des § 906, wie das Bestehen einer bloßen Gefahr,[3] wie die Erregung von Scheu und Furcht, z. B. durch Errichtung oder Benutzung einer Leichenhalle,[4] oder wie unanständiges, das Schamgefühl verletzendes Benehmen an sich, z. B. der Betrieb eines Bordells.[5] Solche Störungen lediglich des Gemütes oder des sittlichen Wohlbefindens vermögen an sich nicht auf die Eigentumssphäre des Grundstückes selbst einzuwirken; sie lassen diese völlig unberührt. Natürlich können sie mit tatsächlichen körperlichen Einwirkungen des § 906 verbunden sein, gegen die dann ein Beseitigungsanspruch begründet ist. Dies ist z. B. dann der Fall, wenn aus dem Leichenhause Gase und Gerüche aufsteigen und in die Grundstücksgebiete der Nachbarn eindringen,[4] oder wenn der Bordellbetrieb Belästigungen durch Licht — grelle Beleuchtung des Einganges bei Nacht — oder durch Lärm — mag er von den Dirnen selbst oder von deren Besuchern ausgehen — mit sich bringt. Die Frage nach dem Umfange der Beeinträchtigung, wie nach ihrer Ortsüblichkeit, ist in einem solchen Falle auch nur unter Berücksichtigung dieser

---

[1] RG. 27. 2. 02 V 403. 01 in RG. Bd. 50 n. 51 S. 228 = Seuff. A. Bd. 57 n. 191 S. 361 = Puchelt Z. Bd. 33 S. 333 = Recht 02 S. 237 n. 1150 = JW. 02 B. n. 53 S. 212; RG. 9. 4. 04 V 15. 04 in RG. Bd. 57 n. 56 S. 239 = JW. 04 S. 291 n. 14 = Recht 04 S. 361 n. 1642; RG. 26. 10. 04 V 411. 04 in Seuff. A. Bd. 60 n. 36 S. 66. A. A. OLG. Jena 2. 2. 03 im Recht 03, S. 551 n. 2789, das zu den Einwirkungen des § 906 alle diejenigen rechnet, „die in die Pflege des Körpers, des Geistes oder Gemütes in außergewöhnlicher Weise eingreifen".

[2] Cosack 152.

[3] Biermann 103, Planck 173, Staudinger-Kober 128, Neumann 639 Z. 2, Fischer-Henle 484, Endemann 467 A. 27, 471. Ebenso RG. 27. 2. 02 V 403. 01 im Recht 02 S. 262 n. 1274 = wie oben A. 1.

[4] OLG. Zweibrücken 23. 10. 01 in OLG. Bd. 4 S. 61 n. 21b.

[5] Biermann 103, Staudinger-Kober 128, Kuhlenbeck, BGB. 71, Endemann 471, Eck 96 A. 4. Ebenso OLG. Karlsruhe 25. 2. 03 in Puchelt Z. Bd. 35 n. 152; RG. 9. 4. 04 V 15. 04 und RG. 26. 10. 04 V 411. 04 wie oben A. 1. A. A. OLG. Colmar 10. 10. 02 in OLG. Bd. 5 S. 386 n. 72b = Puchelt Z. Bd. 33, 722 = Recht 02 S. 557 n. 2578.

tatsächlichen körperlichen Einwirkungen zu beantworten. Denn sie allein sind es, die den Beseitigungsanspruch erzeugen.

Welche Rechtsmittel den Betroffenen gegen lediglich „ideale Einwirkungen“, und ob ihnen überhaupt Rechtsmittel gegen sie zu Gebote stehen,[1] diese Fragen haben wir hier nicht zu erörtern.

§ 7.

III. Der Umfang des Verbietungsrechtes gegenüber Einwirkungen des § 906.

Die Rechtsnorm, die § 906 BGB. aufstellt, ist negativer Natur. Sie bestimmt die Fälle, in denen der Grundstückseigentümer unseren Einwirkungen gegenüber das ihm an sich zustehende Verbietungsrecht ausnahmsweise nicht haben soll. Nach dieser Norm ist die Rechtslage folgende.

Die Einwirkungen des § 906 können jederzeit ohne Rücksicht auf ihre Art und ihr Maß verboten werden, wenn sie durch eine besondere Leitung erfolgen (§ 906 Satz 2).[2] Unter einer „Leitung“ im Sinne dieses Gesetzes hat man eine Einrichtung zu verstehen, deren Zweck nach ihrer Beschaffenheit gerade darin besteht, gewisse Stoffe von einem Grundstück auf das andere hinüberzutragen oder Bewegungen der Stoffteile eines Grundstückes über dessen Grenzen hinaus in fremdes Eigentumsgebiet forzupflanzen. Eine besondere Leitung der Einwirkung liegt also z. B. vor, wenn der auf einem Grundstück erzeugte Rauch durch ein nach dem

---

[1] §§ 823, 826 BGB. oder öffentlich-rechtliche Normen. Hinsichtlich der von einem Bordell ausgehenden Einwirkungen, die nicht unter § 906 fallen, vgl. Colmar 10. 10. 92 in OLG. Bd. 5 n. 72b S. 387/8; RG. 8. 1. 97 II 263. 96 in RG. Bd. 38 n. 99 S. 379 = JW. 97 n. 70 S. 101 = Sächs. A. Bd. 7 S. 124 n. 7 (dieses Urteil auf Einstellung des Betriebes beruht auf den badischen Landrechtssätzen 544 und 1382 a und § 180 StGB.); OLG. Karlsruhe 26. 4. 01 im Sächs. A. Bd. 11 S. 507 = Bad. Rpr. 01. 151; OLG. Colmar 28. 6. 01 in DJZ. 03 S. 348 V 5; OLG. Celle 27. 5. 03 in Seuff. A. Bd. 60 n. 11 S. 20; RG. 9. 4. 04 V 15. 04 und 26. 10. 04 V 411. 04 wie oben S. 21 A. 1. Auch Kiefer im Recht 01. 490.

[2] So auch das gemeine Recht.

Nachbargrundstücke zu ausmündendes Rohr auf dieses überdringt, oder wenn durch Geräusche auf ein Nachbargrundstück mittels eines Schallrohres eingewirkt wird. Nicht erforderlich zum Begriffe der „Leitung" ist es, daß die Leitung bis zur Grundstücksgrenze selbst reicht. Erforderlich ist nur, daß die Einwirkungen auch tatsächlich infolge der ihr durch die Leitung gegebenen Richtung auf das Nachbargrundstück gelangen. Wenn daher ein Rohr, durch das Rauch ausströmt, zwar gegen das Nachbargrundstück gerichtet, aber so weit von der Grenze entfernt ist, daß der Rauch die Richtung bis zur Grenze nicht beibehalten kann, so kann sich der durch den Rauch belästigte Nachbar nicht auf die Leitung als auf einen Grund für die absolute Unzulässigkeit der Raucheinwirkungen berufen. Erstrecken sich Dämpfe oder Gase, die mittels eines Rohres von einem Grundstück einem anderen zugeführt werden, noch auf ein drittes oder viertes Grundstück, so kann sich der Eigentümer eines dieser letzteren Grundstücke auf die Vorschrift des Satzes 2 § 906 nur dann stützen, wenn die Leitung noch bis auf sein Grundstück wirkt, d. h. wenn die Dämpfe noch bis auf sein Grundstück die Richtung ihrer Ausbreitung von der Leitung erhalten.

Erfolgen dagegen die Einwirkungen ohne eine besondere Leitung, also durch natürliche Verbreitung und unabhängig von unterstützenden künstlichen Einrichtungen, so können sie nur dann verboten werden, wenn sie die Benutzung des betroffenen Grundstückes wesentlich beeinträchtigen und durch eine nach den örtlichen Verhältnissen bei Grundstücken dieser Lage nicht gewöhnliche Benutzung des anderen Grundstückes herbeigeführt werden (§ 906 Satz 1 BGB.).[1]

Voraussetzung des Verbietungsrechtes beim Fehlen einer besonderen Leitung ist also zunächst eine wesentliche Beeinträchtigung der Benutzung des Grundstückes, und zwar der Benutzung schlechthin, nicht eine Beeinträchtigung der gewöhnlichen oder der regelmäßigen Benutzung.[2] Der Nachbar darf

---

[1] Im wesentlichen übereinstimmend die gemeinrechtliche Wissenschaft und Praxis.

[2] Prot. 3531, 3533 (III 123, 125) = Mugd. 580/1; Biermann 103, Fischer-Henle 484, Dernburg, BR. 243, Endemann 471 A. 44, Goldmann-Lilienthal 35,

auch eine an sich außergewöhnliche, unregelmäßige Benutzungsweise des anderen Grundstückes, z. B. die Verwendung eines Gebäudes als Unterrichtsstätte, Kirche, Nervenheilanstalt, Krankenhaus,[1] nicht wesentlich beeinträchtigen.

Die bisherige Benutzung des betroffenen Grundstückes hat ebenfalls nicht zu entscheiden. Es kommt vielmehr lediglich auf die tatsächliche gegenwärtige Benutzungsart des leidenden Grundstückes an.[2] Mithin ist das Verbietungsrecht gegen die Einwirkungen nicht schon deshalb ausgeschlossen, weil diese bei gleicher Benutzung des einwirkenden Grundstückes erst infolge einer Veränderung in der Benutzung des beeinträchtigten Grundstückes, z. B. infolge der Verwandlung eines Kartoffelackers in eine Rosenplantage, eines Getreidefeldes in eine zum Bleichen zu verwendende Wiese und umgekehrt, oder infolge der Bebauung eines freien Platzes mit einem Wohnhause, verbietbar geworden sind. Dies gilt selbst dann, wenn der verletzte Eigentümer bei der Veränderung der Benutzungsweise seines Grundstückes die Steigerung der von dem Nachbargrundstück ausgehenden Einwirkungen voraussah oder voraussehen konnte.[3]

Der Begriff der Wesentlichkeit einer Einwirkung ist ein relativer. Er ist verschieden je nach nationalen Anschauungen, nach Zeitströmungen und jeweiligen Bedürfnissen. Der Richter hat die Frage nach der Wesentlichkeit der Einwirkungen im

---

Turnau-Förster 285, Männer 119, Ortloff 245, Haidlen 6, Meisner 72, Hörle 368. A. A. E. I § 850; RG. 21. 4. 93 III 11. 93 in JW. 93 S. 315 n. 32; RG. 9. 4. 95 III 1. 95 in Bolze Bd. 20 n. 62.

[1] Biermann 104, Staudinger-Kober 126, Endemann 472, Meisner 73, Hörle 369 A. 13.

[2] Der sog. Grundsatz der Prävention gilt also hier nicht; vgl. Biermann 103, Goldmann-Lilienthal 38 A. 39, Enneccerus-Lehmann 145, Endemann 472, Meisner 72, Turnau-Förster 285. Nach Dernburg, BR. 243 kann sogar eine anderweite, den Verhältnissen entsprechende, nur geplante Benutzung in Betracht kommen. — Auch RG. 12. 12. 00 V 240. 00 in Gruch. Bd. 45 S. 1013 n. 9 = Seuff. A. Bd. 56 n. 104 S. 181 = Recht 01 S. 121 n. 393 = JW. 01 S. 19 n. 30; RG. 30. 3. 04 V 455. 03 in RG. Bd. 57 n. 53 S. 224ff. = Recht 04 S. 282 n. 1278; RG. 28. 6. 05 V 644. 04 in JW. 05 S. 495 n. 21 = Recht 05 S. 618 n. 2548.

[3] RG. 12. 12. 00 V 240. 00 wie oben A. 2; Planck 174f.

einzelnen Falle nach freiem billigen Ermessen unter Berücksichtigung aller Umstände des Falles zu beurteilen (§ 286 ZPO.). Dieser Beurteilung ist zunächst die tatsächliche Einwirkung auf das leidende Grundstück zugrunde zu legen, und es ist hierbei unberücksichtigt zu lassen, ob die Einwirkung Folge einer gewöhnlichen oder außergewöhnlichen, einer ordnungsmäßigen oder ordnungswidrigen Benutzung des einwirkenden Grundstückes ist. Eine unwesentliche Einwirkung kann auch dann nicht verboten werden, wenn sie Folge einer außergewöhnlichen Anlage ist. Unberücksichtigt bleibt es auch weiterhin, ob die Einwirkung lediglich aus einem in der Beschaffenheit des leidenden Grundstückes liegenden Grunde eine für dieses Grundstück wesentliche ist. Der Umstand also, daß die Beeinträchtigung durch Lärm- oder Erschütterungseinwirkungen lediglich wegen der leichten Bauart des beeinträchtigten Grundstückes zu einer für dieses wesentlichen wird, vermag die Ausschließung des Verbietungsrechtes nicht zu begründen.[1]

Wird ein Grundstück gleichzeitig von mehreren Einwirkungen des Nachbargrundstückes, z. B. gleichzeitig von Rauch, Geräusch und Erschütterungen, betroffen, so sind bei der Beurteilung der Wesentlichkeit nicht die einzelnen Einwirkungen für sich, sondern es ist deren Zusammenwirken zu prüfen.[2] Gehen diese verschiedenen Einwirkungen auf ein und dasselbe Grundstück unabhängig voneinander von mehreren Grundstücken aus und beeinträchtigen sie nur durch ihr Zusammenwirken die Benutzung des leidenden Grundstückes wesentlich, so gilt diese wesentliche Beeinträchtigung als durch jede einzelne Einwirkung herbeigeführt, und es hat der Eigentümer des leidenden Grundstückes, da jede einzelne Einwirkung kausal für den durch das Zusammenwirken herbeigeführten Erfolg ist, auch ein Verbietungsrecht gegen jeden Einwirkenden.[3]

Die Frage nach dem Vorliegen einer wesentlichen Beeinträchtigung ist nun aber hinsichtlich der betroffenen be-

---

[1] Bay. OLG. Bd. 17 S. 19; Meisner 72.

[2] RG. 2. 4. 87 V 18. 87 in JW. 87 S. 276 n. 25 = Gruch. Bd. 32, 924.

[3] RG. 5. 12. 86 V 220. 86 und RG. 4. 4. 88 V 22. 88 in RG. Bd. 21 n. 55 A. S. 300/1; Meisner 73.

teiligten Personen nach objektiven Kriterien zu beantworten. Persönliche Empfindsamkeit, Nervosität, Krankheit oder Kränklichkeit des Eigentümers des leidenden Grundstückes können nicht berücksichtigt werden. Ebensowenig können seltsame Gewohnheiten Beachtung finden. Der richterlichen Beurteilung sind vielmehr das Empfinden und die Gewohnheiten eines normalen Durchschnittsmenschen als Maßstab zugrunde zu legen.[1]

Führen nach alledem Einwirkungen des § 906 eine wesentliche Beeinträchtigung der Benutzung des betroffenen Grundstückes herbei, so ist damit das Verbietungsrecht gegen sie noch nicht gegeben. Erforderlich ist noch weiterhin, daß die Einwirkungen Folge einer Benutzung des beeinträchtigenden Grundstückes sind, die nach den örtlichen Verhältnissen bei Grundstücken dieser Lage nicht gewöhnlich ist.

Werden also in einer bestimmten Gegend — dies bedeutet der Gesetzesausdruck „Lage“ — die einzelnen Grundstücke allgemein in einer Weise benutzt, durch die die Benutzung anderer Grundstücke dieser Gegend beeinträchtigt, vielleicht sogar wesent-

---

[1] Biermann 103, Neumann 636, Goldmann-Lilienthal 35, Staudinger-Kober 126, Endemann 472, Meisner 71, 73, Hörle 369 A. 13, Keller 214. RG. 24. 9. 90 V 179. 90 in JW. 90 S. 364 n. 11; RG. 15. 5. 96 III 37. 96 in Seuff. A. Bd. 52 n. 146 S. 269; OLG. Dresden 3. 7. 03 in Sächs. OLG. Bd. 25 n. 39 S. 515; OLG. Colmar 27. 10. 03 im Recht 03 S. 557 n. 2887; RG. 3. 2. 04 V 519. 03 in Seuff. A. Bd. 59 n. 125 S. 226 = JW. 04 S. 143 n. 12 = DJZ. 04 S. 407 n. 36b = Recht 04 S. 140 n. 636; RG. 23. 2. 04 III 351. 03 = JW. 04 S. 203 n. 15; RG. 30. 4. 04 V 126. 04 in Gruch. Bd. 46 n. 99 S. 941 = JW. 04 S. 384 n. 6 = Recht 04 S. 448 n. 1820; Bay. OLG. 24. 10. 04 im Recht 04 S. 603 n. 2608; RG. 9. 11. 04 V 181. 04 im Recht 05 S. 17 n. 44. — Staudinger-Kober 126 sagen, der Maßstab müsse sein „rein objektiv nach der Benutzung des Grundstückes und kein persönlicher“; gegen „Belästigungen nach der rein persönlichen Seite, z. B. durch übermäßiges Klavierspielen“, wolle das BGB. selbst keinen Schutz gewähren; dieser Schutz sei vielmehr der polizeilichen und strafrechtlichen Regelung, wie privater Vereinbarung überlassen. — Diese Ansicht können wir nicht teilen. Eine Belästigung durch übermäßiges Klavierspielen kann vielmehr wie jede Einwirkung durch Geräusch verboten werden, wenn sie nach Ansicht des Richters derart ist, daß durch sie ein Mensch mit dem Empfinden eines Durchschnittsmenschen in der Benutzung seines Grundstückes wesentlich gestört wird. Gegen Staudinger-Kober auch Meisner 71; vgl. OLG. Braunschweig 10. 10. 02 in DJZ. 03 S. 552 VI 5.

lich beeinträchtigt wird, so soll, eben weil dies dort gewöhnlich, allgemein üblich ist, das Verbietungsrecht gegen die durch diese Benutzungsart hervorgerufenen Einwirkungen ausgeschlossen sein. Jeder Eingesessene dieser Gegend darf eine solche Benutzung seines Grundstückes beginnen oder weiterführen. Dafür aber wird ihm das Recht genommen, die durch die entsprechende Benutzung der Nachbargrundstücke entstehenden Störungen seines Eigentums oder Besitzes zu verbieten. Mit wenig Worten: es soll die Ortsüblichkeit[1] der Grundstücksbenutzungen Berücksichtigung finden.

Der Begriff der Ortsüblichkeit ist für den Zweck des § 906 treffend gewählt.[2] Er berücksichtigt am besten die Verschiedenheit der örtlichen Verhältnisse, und zwar auch soweit sie sich innerhalb eines und desselben Ortes geltend machen.[3] In dem letzteren Falle muß es sich jedoch um Stadtbezirke handeln, denen durch die Art der Bebauung oder durch den in ihnen vorherrschenden Betrieb bestimmter gewerblicher Unternehmungen ein einheitliches charakteristisches Gepräge verliehen ist, durch das sie sich in objektiv erkennbarer Weise von anderen Stadtbezirken unterscheiden. So steht den Grundstückseigentümern

---

[1] RG. 22. 11. 00 V 217. 00 in Gruch. Bd. 46 n. 17 S. 370 = JW. 00, 890 spricht vom Begriffe des „Gemeingewöhnlichen“.

[2] Mot. 267 = Mugd. 147 (ortsüblich ist „ein einigermaßen beweglicher Regulator, der sich mit den veränderten Verhältnissen selbst verändert“). Gegen das Kriterium der Ortsüblichkeit überhaupt Mecklenburg-Schwerin und Mecklenburg-Strelitz in Äuß. d. Bundesreg. 9; Gutachtl. Äuß. 125; Anw. Gutachten 628; Hartmann in JW. 88, 254. In der Reichstagskommission wurde die Streichung des Satzteiles „oder durch eine Benutzung . . . . gewöhnlich ist“ unter Hinweis auf die in dieser Bestimmung liegenden Gefahren für die Landwirtschaft und Fischzucht beantragt. Der Antrag wurde abgelehnt. Die Regierungsvertreter führten aus, daß sich niemand eine Steigerung schädlicher Einflüsse gefallen zu lassen brauche; die Bestimmung wolle nur zum Ausdrucke bringen, daß sich die Grundstückseigentümer über das nicht sollten beschweren dürfen, was hergebrachtermaßen die Nachbarn täten. KB. 4, 5 = Mugd. 997.

[3] Denkschr. 126 = Mugd. 972; Goldmann-Lilienthal 36, Endemann 473 A. 47; RG. 6. 4. 94 III 41. 94 in Bolze Bd. 18 n. 43; RG. 20. 2. 04 V 354. 03 in Gruch. Bd. 48 n. 46 S. 604 = JW. 04 S. 175 n. 18 = DJZ. 04 S. 407 n. 36c = Seuff. A. Bd. 59 n. 126 S. 227 = Recht 04 S. 252 n. 1163.

eines vornehmen Villenviertels, die durch die Geruchseinwirkungen einer in nächster Nähe errichteten Fabrik wesentlich beeinträchtigt werden, ein Verbietungsrecht gegen diese Einwirkungen zu, während der Eigentümer eines einzelnen Landhauses, das in der Nähe einer großen Anzahl von Fabriken erbaut ist, trotz wesentlicher Beeinträchtigung die Zuführung von Rauch und Ruß seitens dieser Fabriken nicht verbieten kann.

Zur Begründung der Ortsüblichkeit ist erforderlich, daß mehrere Grundstücke in dieser Gegend in gleicher Weise, wie das einwirkende Grundstück benutzt werden.[1] Ausnahmsweise wird man jedoch auch dann von der Ortsüblichkeit einer Benutzungsweise sprechen können, wenn die fragliche Benutzungsart zwar zunächst nur auf einem einzigen Grundstück erfolgt, wenn aber, wie dies heutzutage insbesondere in größeren Orten nötig ist, bereits durch die Bau- und Erweiterungspläne das Gelände für die Zukunft zur gleichen Benutzung, wie z. B. zur Anlegung von gewerblichen Unternehmungen, von Villenvierteln oder Parkanlagen, bestimmt ist. In einem solchen Falle aber wird die Ortsüblichkeit nicht durch die eine bereits errichtete Anlage, sondern vielmehr durch die Anordnungen der städtischen Behörden geschaffen.

Priorität vermag Ortsüblichkeit nicht zu begründen.[2] Der Eigentümer des einwirkenden Grundstückes kann sich demnach

---

[1] Daher wird für den Lärm, der von dem Aufbewahrungsorte der Wagen der elektrischen Straßenbahnen ausgeht, kaum jemals Ortsüblichkeit begründet werden können. RG. 30. 3. 04 V 455. 03 in RG. Bd. 57 n. 53 S. 224 = JW. 04 S. 259 n. 5 = Recht 04 S. 282 n. 1280, 1282; OLG. Breslau 30. 4. 02 in OLG. Bd. 5 S. 151 n. 31c = Recht 02 S. 461 n. 2141.

[2] Kuhlenbeck, BGB. 71, Staudinger-Kober 127, Endemann 473, Meisner 75, Dernburg, BR. 243, Turnau-Förster 286, Koch 1001 A. 35; vgl. dagegen Hörle 370, Endemann 473 A. 49. — OAppG. Lübeck 25. 11. 58 in Seuff. A. Bd. 15 n. 2 S. 3; OAppG. Oldenburg 14. 3. 74 in Seuff. A. Bd. 29 n. 218 S. 336; RG. 25. 11. 82 V 551. 82 in Gruch. Bd. 27 n. 40 S. 905; RG. 20. 2. 91 III 277. 90 in Bolze Bd. 11 n. 47 = Seuff. A. Bd. 46 n. 248 S. 390; RG. 12. 12. 00 V 240. 00 in Gruch. Bd. 45 S. 1013 n. 9 = Seuff. A. Bd. 56 n. 104 S. 181 = JW. 01 S. 19 n. 30; OLG. Karlsruhe 16. 2. 01 in Bad. Rpr. 01. 270 = Recht 01 S. 590 n. 2468; RG. 30. 3. 04 V 455. 03 in RG. Bd. 57 n. 53 S. 229, 230 = Recht 04 S. 282 n. 1278.

nicht darauf berufen, daß die störende Anlage bereits vor der Erbauung des leidenden Landhauses errichtet sei, oder daß die Einwirkungen auf das leidende Grundstück bereits seit langer Zeit in gleicher Weise erfolgten. Selbst ein dreißigjähriger und noch längerer gleichmäßiger Betrieb kann nicht allein wegen dieser Dauer als ortsüblich angesehen werden.[1]

Nach alledem setzt die Annahme der Ortsüblichkeit gewisser Einwirkungen das tatsächliche Erfolgen der Einwirkungen voraus. Es genügt also nicht, daß Anlagen, von denen, wenn sie im Betriebe sind, Einwirkungen ausgehen, nur errichtet sind, ohne benutzt zu werden. Ebensowenig können lediglich auf Grund günstiger örtlicher Vorbedingungen oder wirtschaftlicher oder gar ästhetischer Interessen ortsübliche Verhältnisse im Sinne des § 906 angenommen werden.[2] Die Bestimmung eines malerischen Flußtales zur Anlegung von Villen und Lustgärten ist keineswegs als „ortsüblich" zu bezeichnen. Das Tal ist trotz aller Naturschönheiten in gleicher Weise zur Errichtung auf die Nachbargrundstücke einwirkender Betriebe, wie es Gerbereien, Mühlen und Fabriken sind, geeignet.

Für die Frage nach der Ortsüblichkeit ist allein die Lage des einwirkenden Grundstückes maßgebend.[3] So muß man sich in einem Villenviertel Gerüche gefallen lassen, die der Wind von der vielleicht weit entfernten Fabrikgegend herzuträgt. Daß diese Gerüche für das Villenviertel ungewöhnlich sind, ist gleichgültig. Der Eigentümer einer in einem Dorfe gelegenen Sommervilla kann die mit dem Ausdreschen des Getreides verbundenen Staubeinwirkungen nicht verbieten.[4] Dagegen steht in einem solchen Falle dem Eigentümer eines städtischen Hauses unter der Voraussetzung einer wesentlichen Beeinträchtigung das Verbietungsrecht gegen die Staubeinwirkungen zu, und zwar gilt dies auch dann, wenn das städtische Anwesen in einem Fabrikviertel liegt,

[1] Nach Scherer III 65 begründet ein dreißigjähriger Betrieb Ortsüblichkeit im Sinne des § 906, vgl. Endemann 473 A. 49.

[2] Hörle 370.

[3] Landsberg 643, Meisner 73; RG. 1. 11. 02 V 246. 02 im Recht 03 S. 18 n. 32; Bay. OLG. 30. 6. 03 im Recht 03 S. 430 n. 2263.

[4] OLG. Darmstadt 15. 3. 86 in Seuff. A. Bd. 42 n. 100 S. 142.

in dem der Eigentümer die Zuführung von Rauch und Ruß in einer Menge dulden muß, die eine weit größere Belästigung als die des Staubes der Dreschmaschine mit sich bringt.

Bestehen die Einwirkungen darin, daß infolge der Zuleitung von Abwässern oder sonstigen Flüssigkeiten in einen Fluß Dämpfe, Gase oder Gerüche aus dem Flusse aufsteigen und in die Eigentumsgebiete der Anlieger eindringen, so ist die Lage des Flußteiles ausschlaggebend, aus dem die Gerüche aufsteigen.[1] Ist es doch möglich, daß die dem Flusse zugeleiteten und von ihm fortgeführten Stoffe noch nach stundenlangem Laufe des Flusses die beeinträchtigenden Wirkungen erzeugen.

Der richterlichen Beurteilung hinsichtlich der Ortsüblichkeit[2] ist nicht nur die Art, sondern auch das Maß der Benutzung des einwirkenden Grundstückes zugrunde zu legen. Ist daher eine Anlage, mit der ein gewisser Grad von Einwirkungen verbunden ist, infolge der Gewöhnlichkeit der Betriebsart in der dortigen Gegend unverbietbar geworden, so erstreckt sich diese Ausschließung des Verbietungsrechtes nicht ohne weiteres auf jedes Maß dieses Betriebes, insbesondere nicht auf jede Steigerung der von dem Betriebe ausgehenden Einwirkungen. Es können vielmehr die Eigentümer der beeinträchtigten Grundstücke die gesteigerten Einwirkungen insoweit verbieten, als diese über das von den anderen Grundstücken gleicher Benutzungsart innegehaltene Maß hinausgehen, als sie mithin die Grenzen der Ortsüblichkeit überschreiten.[3]

---

[1] So auch Meisner 191.

[2] Für sie ist übrigens die Anschauung der Bevölkerung, nicht die Auffassung der Polizeibehörde maßgebend. RG. 18. 4. 03 V 502. 02 in JW. 03 B. n. 199 S. 86; RG. 25. 2. 05 V 387. 04 im Recht 05 S. 281 n. 1302 = JW. 05 S. 231 n. 9.

[3] Biermann 104, Staudinger-Kober 127, Goldmann-Lilienthal 36, Meisner 74, Hörle 369, 370. KG. 28. 1. 01 in OLG. Bd. 2 S. 252 n. 124d = Recht 01 S. 260 n. 898; RG. 1. 11. 02 V 246. 02 im Recht 03 S. 18 n. 32; RG. 12. 2. 02 V 383. 01 in JW. 02 B. 202 (Unterschied zwischen Tag- und Nachtarbeit); RG. 16. 5. 03 V 14. 03 in Gruch. Bd. 47 n. 63 S. 952 = JW. 03 B. S. 103 n. 231 = Seuff. A. Bd. 58 n. 187 S. 352 = Recht 03 S. 430 n. 2264 u. S. 605 n. 3089; OLG. Dresden 3. 7. 03 in Sächs. OLG. Bd. 25 n. 39 S. 515; RG. 30. 3. 04 V 455. 03 in RG. Bd. 57 n. 53 S. 227 = JW. 04 S. 259 n. 5.

Entscheidend hinsichtlich der Art wie des Maßes der Einwirkungen ist lediglich die tatsächliche, allgemeine, örtliche Übung. Ist die Benutzung des einwirkenden Grundstückes, wie sie im einzelnen Falle vorliegt, ortsüblich, so kommt es nicht darauf an, ob es möglich wäre, die Einwirkungen durch angemessene Maßregeln zu vermeiden oder herabzumindern. Ist es also in einer Fabrikgegend üblich, eine bestimmte Kohlenart zu feuern, die besonders viel Rauch und Ruß verursacht, so können die Nachbarn nicht verlangen, daß die Fabrikbesitzer die Kohlenart wechseln.[1] Andererseits können Raucheinwirkungen auch in einem Fabrikviertel verboten werden, wenn der Rauch dadurch besonders stark auftritt, daß auf der den Rauch ausströmenden Esse kein Rauchverzehrer angebracht ist, während dies bei den übrigen Fabriken dieser Gegend üblich ist.

Maßgebend ist weiterhin der gegenwärtig bestehende Zustand der örtlichen Verhältnisse. Der Eigentümer des einwirkenden Grundstückes kann sich nicht darauf berufen, daß die Benutzungsweise seines Grundstückes früher nach Art und Maß der Einwirkungen ortsüblich gewesen sei. Andererseits ist eine Einwirkung nicht schon deshalb als über das Ortsübliche hinausgehend anzusehen, weil sie in einer bestimmten früheren Zeit erfolgte.[2]

Ist eine Stadt im Laufe der Jahre bis zu einer Fabrik herangewachsen, die seinerzeit auf weithin unbebautem Gelände errichtet worden war, so ist die Frage nach der Ortsüblichkeit der von der Fabrik ausgehenden Einwirkungen nach städtischen Verhältnissen zu beurteilen.[3] Hat sich ein Fabrikviertel infolge des Anwachsens einer Stadt dadurch in ein Wohnungsviertel verwandelt, daß die meisten der Fabriken in die Vororte verlegt wurden, so ist hierdurch das Verbietungsrecht der Nachbarn gegenüber den Einwirkungen einer in dem Viertel verbliebenen Fabrik gestiegen,

[1] Cosack 152. — In einem solchen Falle ist Hilfe auf dem Verwaltungswege zu suchen.

[2] Staudinger-Kober 127, Biermann 104, Meisner 74, Hörle 369, Turnau-Förster 286, Endemann 473; RG. 5. 3. 86 in Bolze Bd. 2 n. 156; RG. 21. 4. 93 III 11. 93 in JW. 93 S. 315 n. 32 = Bolze Bd. 16 n. 65; RG. 22. 11. 00 V 217. 00 in Gruch. Bd. 46 n. 17 S. 373 = JW. 00, 890.

[3] RG. 21. 4. 93, vgl. ob. A. 2.

und es kann sich der Fabrikherr nicht darauf stützen, daß die Einwirkungen zur Zeit der Errichtung der Fabrik ortsüblich waren. Hat sich dagegen ein Fabrikviertel durch Errichtung neuer Betriebe bis in die Nähe einer Villa oder eines Rosengartens ausgedehnt, so steht dem Eigentümer der Villa oder des Gartens gegen die hierdurch erfolgenden oder gesteigerten Einwirkungen ein Verbietungsrecht nicht zu, obwohl er sich noch vor kurzer Zeit auf die Ungewöhnlichkeit einer derartigen Benutzung der beeinträchtigenden Grundstücke in dieser Gegend berufen konnte.

IV. Die Ansprüche aus den Einwirkungen des § 906 und ihre Geltendmachung im Prozesse.

A. Der Beseitigungsanspruch.

§ 8.

I. Die Art seiner Geltendmachung und seine Voraussetzungen.

Das BGB. hat, wie bereits oben S. 3ff. ausgeführt, in seinem § 903 den Grundsatz des Verbotes der Einwirkungen des § 906 allgemein und ohne Rücksicht auf deren Maß aufgestellt. Dementsprechend hat es auch die Frage nach den Folgen einer Zuwiderhandlung gegen dieses Verbot allgemein behandelt und hat zunächst grundsätzlich durch alle derartigen Einwirkungen gewisse Ansprüche entstehen lassen.

Der wesentlichste dieser Ansprüche ist der Anspruch auf Beseitigung der durch die Einwirkungen hervorgebrachten Beeinträchtigungen, der kurz sog. Beseitigungsanspruch.[1] Dieser Beseitigungsanspruch kann entweder mit der Eigentumsstörungsklage[2]

[1] Genau genommen: der Beseitigungsanspruch im weiteren Sinne, oder der allgemeine Beseitigungsanspruch. Er enthält den Beseitigungsanspruch im engeren Sinne und den Unterlassungsanspruch, vgl. unten § 12 S. 48.

[2] Die neuere Praxis und Wissenschaft nennt die Klage aus § 1004 — die a° negatoria der Römer — meist Eigentumsfreiheitsklage. RG. 19. 11. 03 V 218. 05 in RG. Bd. 56 n. 6 S. 25 nennt sie Eigentumsbeeinträchtigungsklage, RG. 3. 2. 04 V 327. 03 in RG. Bd. 57 n. 70 S. 322 dagegen Eigentumsstörungsklage; so auch Stobbe-Lehmann 440. Wir wählen diese letzte Bezeichnung der Klage wegen ihrer erforderlichen Gegenüberstellung mit der allgemein so genannten Besitzstörungsklage des § 862 BGB.

des § 1004 BGB., oder mit der Besitzstörungsklage des § 862 BGB.[1] geltend gemacht werden.[2]

Seine Voraussetzungen sind lediglich in seinem Inhalte begründet. Er kann natürlicherweise nur dann zur Entstehung kommen, wenn die erfolgenden Einwirkungen eine Beeinträchtigung des Eigentums oder eine Beeinträchtigung (Störung) des Besitzes herbeiführen, die im Sinne der §§ 1004, 862 „beseitigt“ werden kann. M. a. W., es ist zur Begründung des Beseitigungsanspruches erforderlich, daß infolge der Einwirkungen ein Zustand geschaffen worden ist, durch den das Eigentum oder der Besitz dauernd[3] als beeinträchtigt erscheint, daß also ein Zustand herrscht, der zu dem Inhalte des Eigentums, oder was die Besitzstörungsklage betrifft, zu der von der Verkehrsanschauung anerkannten Herrschaft des Besitzers über das besessene Grundstück[4] im Widerspruche steht. Ein solcher Zustand wird entweder durch fortgesetzte Einwirkungen hervorgebracht, oder er wird durch Einwirkungen geschaffen, die zwar vorübergehend sind, die aber eine stete Wiederkehr erwarten lassen und dadurch eine gewisse Rechtsunsicherheit begründen. Nicht also wird der Beseitigungsanspruch begründet, wenn der Beeinträchtigte mit Sicher-

[1] Planck 51, Staudinger-Kober 128 Z. 5, 264, Goldmann-Lilienthal 37 A. 36, Endemann 237 A. 1, 244 A. 9, Windscheid-Kipp 713 A. 1, Hörle 373, 390, Kniep 438, Ortloff 245, Monich in Jher. Jahrb. Bd. 38, 189; Volmar in DJZ. 01, 382. So auch KG. 26. 9. 04 in OLG. Bd. 9 S. 295 n. 27a.

[2] Wenn ich die Ansprüche der §§ 1004 und 862 mit der gemeinsamen Bezeichnung „Beseitigungsanspruch“ belege, so tue ich dies lediglich wegen der gleichen Richtung, die beide Ansprüche verfolgen, und aus praktischen Gründen. Ich verkenne die Verschiedenheit des Wesens der Ansprüche — dinglich und persönlich — keinesfalls. Über den Unterschied beider Ansprüche vgl. insbes. Hölder im A. ziv. Pr. Bd. 93, 21.

[3] Mot. 125/6, 426/7 = Mugd. 69, 70, 238; Denkschr. 112 = Mugd. 964; Planck 51, 330, Staudinger-Kober 19, Endemann 243, 470, Dernburg, BR. 83, 242, Turnau-Förster 286, Männer 173, Kretzschmar 154, Strohal 134, Roth-Becher 119, 209, 375, Förster-Eccius 307, Meisner 264, ders., BGB. 18, Hörle 277, 368, 389, Bunsen in Bernhöft-Binder 447, Leske 363. So auch die gemeinrechtliche Praxis und Wissenschaft. Nach 1. 1. 00: RG. 13. 6. 00 im Recht 00 S. 440 n. 447; RG. 10. 7. 00 II 126. 00 in JW. 00, 639 = JW. B. 00/02 S. 26 = DJZ. 00 S. 503 n. 76 = Bad. Rpr. 01, 78 = Fischers Z. Bd. 22 S. 301 n. 13; Bay. OLG. 11. 6. 02 in DJZ. 03 S. 58 IV 5.

[4] Planck 50, Hörle 277.

heit annehmen kann, daß eine Wiederholung der Einwirkungen ausgeschlossen ist, oder wenn die Störung bei Klagerhebung zwar noch fortdauert, der Beeinträchtigte aber mit Sicherheit annehmen kann, daß es sich nur um einen einmaligen kurzen oder vorübergehenden Eingriff handelt, auf dessen Unterlassen der Störer selbst bedacht ist.[1] So ist die Störungsklage nicht begründet gegen Lärmeinwirkungen, die durch die Reparatur der nachbarlichen Wasserleitung verursacht werden, gegen das Eindringen von Glassplittern eines zerbrochenen Fensters oder gegen Raucheinwirkungen, die durch eine ausgebrochene Feuersbrunst herbeigeführt werden.[2]

Weiterhin ist zur Begründung des Beseitigungsanspruches erforderlich, daß die Einwirkungen in einem menschlichen Tun oder Unterlassen[3] ihren Grund haben. Legt sich also der auf einem Grundstück entwickelte Rauch auf ein anderes nieder, um dann durch die Luftbewegung gehoben und auf ein drittes Grundstück übertragen zu werden, so ist die Frage nach dem Verbietungsrechte des Eigentümers dieses dritten Grundstückes zwischen ihm und dem Eigentümer des ersten Grundstückes zu entscheiden.[4] Ob das den Einwirkungen kausale Tun in einer Händetätigkeit, in dem Betriebe von Maschinen oder in dem Halten von Tieren zu finden ist, ist gleichgültig. So kann der Beseitigungsanspruch z. B. auch durch das dauernde Geheul eines Hundes, den der Nachbar hält, begründet werden.[5]

Nicht erforderlich ist, daß das einwirkende Grundstück unmittelbar an das beeinträchtigte grenzt.[6] Der Eigentümer eines

---

[1] RG. 29. 9. 99 VII 90. 99 in Gruch. Bd. 44 S. 866 n. 36 = JW. 99 S. 713 n. 38.

[2] Eingriffe dieser Art rechtfertigen unter Umständen eine Schadensersatzklage nach § 823 BGB., vgl. unten S. 78ff.

[3] So ist der Beseitigungsanspruch gegeben gegen den Eigentümer eines Teiches, aus dem schädliche Miasmen infolge der Unterlassung der Reinigung in die Nachbargrundstücke eindringen.

[4] Planck 73.

[5] Kniep 441, Dernburg, BR. 242, Staudinger-Kober 19, Bunsen in Bernhöft-Binder 447.

[6] Mot. 258 = Mugd. 143. So die herrschende Lehre im gemeinen, partikularen, wie jetzigen Rechte. — Aus diesem Grunde rechnen Goldmann-

Landhauses kann an sich gegen die ihn belästigenden Raucheinwirkungen auch dann vorgehen, wenn sie von einer Fabrik herrühren, die von dem Landhause durch andere Grundstücke getrennt ist. In einem solchen Falle ist es unerheblich, ob auch die Einwirkungen, die zunächst auf diese anderen Grundstücke erfolgen, verbietbar sind, oder nicht. Es ist möglich, daß sich die Eigentümer der die Einwirkungen vermittelnden Grundstücke wegen des Mangels einer für sie bestehenden Wesentlichkeit der Beeinträchtigung, oder weil sie sich besonders vertragsmäßig dazu verpflichtet haben, die Einwirkungen gefallen lassen müssen, während den entfernteren Grundstückseigentümern das Verbietungsrecht in vollem Umfange zusteht.

Nicht erforderlich zur Begründung des Beseitigungsanspruches ist fernerhin, daß die Einwirkungen einen positiven Schaden verursachen,[1] und ebenfalls nicht, daß sich der Einwirkende auf ein Recht zu solchen Einwirkungen beruft.[2]

Vor allem aber setzt der Beseitigungsanspruch nicht ein Verschulden voraus.[3] Das Verbietungsrecht ergibt sich vielmehr aus dem objektiven Tatbestand allein. Daher ist es für das Entstehen des Beseitigungsanspruches vollkommen gleichgültig, ob der Erfolg der Einwirkungen beabsichtigt war oder vorhergesehen werden konnte.

Lilienthal 36 die Vorschrift des § 906 nicht zum sog. Nachbarrechte. — A. A. Hesse in Jher. Jahrb. Bd. 6 S. 411.

[1] Hesse in Jher. Jahrb. Bd. 6, 408, Bd. 8, 129; Funke 177, Rothbecher 120, AppG. Celle 25. 10. 67 in Seuff. A. Bd. 21 n. 208 S. 351; RG. 2. 5. 81 II 804. 80 in JW. 81, 141; OLG. Posen 19. 10. 01 in Seuff. A. Bd. 58, 15 = Recht 03 S. 80 n. 338; OLG. Karlsruhe 13. 11. 03 im Recht 04 S. 503 n. 2109 = Bad. Rpr. 04, 89. A. A. Pagenstecher 120.

[2] So die gemeinrechtliche Praxis. Für das neue Recht: Biermann 207, Meisner 264, 284, ders., BGB. 150, Kuhlenbeck, BGB. 207, Planck 50, 331, Neumann 638, Fischer-Henle 526, Scherer III 163, Hörle 389, Kniep 441; OLG. Dresden 6. 5. 01 im Sächs. A. Bd. 11 S. 494 = Recht 01 S. 589 n. 364; OLG. Colmar 5. 2. 02 im Recht 02 S. 180 n. 835 = OLG. Bd. 4 n. 71c S. 313, bestätigt (vgl. Nachtrag, ebd. S. 510) vom RG. 4. 6. 02 V 160. 02. A. A. das römische Recht, auch Hesse in Jher. Jahrb. Bd. 8, S. 91, 105; Werenberg, ebd. Bd. 6, 73, Hoffmann 307.

[3] So die herrschende Lehre im gemeinen wie jetzigen Rechte. A. A. scheint KG. 4. 6. 01 in OLG. Bd. 3 S. 11 n. 4ff. zu sein. Gegen dieses Urteil ausdrücklich Biermann 208.

Falsch wäre es also, den Gesetzesausdruck „Zuführung" als ein zielbewußtes Tun mit der Absicht zum Einwirken aufzufassen. Der Eintritt der Einwirkungen hängt vielmehr in zahlreichen Fällen vom Zufall ab. So erfolgen z. B. häufig Rauch- oder Dampfeinwirkungen nur infolge des zufällig wehenden Windes oder infolge des zufälligen Feuchtigkeitsgehaltes der Luft.[1]

§ 9.

2. Die prozessuale Bedeutung der Vorschrift des § 906 bei Geltendmachung des Beseitigungsanspruches.

Nach den obigen Ausführungen ist die Geltendmachung des Beseitigungsanspruches zunächst unabhängig davon, ob die Einwirkungen eine erhebliche oder nur unerhebliche Beeinträchtigung des Eigentümers oder Besitzers hervorbringen. Es stützt sich also das Verbietungsrecht gegenüber den Einwirkungen des § 906 in allen Fällen auf die allgemeinen Vorschriften der §§ 903 in Verbindung mit 1004, bez. 858, 862 BGB. Unrichtig ist es daher, wenn, wie man dies so häufig in Entscheidungen liest, gesagt wird, die Klage sei nach § 906 begründet oder nicht begründet, oder wenn von einem Anspruch aus § 906,[2] einer Haftung aus § 906[3] gesprochen wird. Die Vorschrift des § 906 begründet gar keinen Anspruch des Berechtigten und schafft keineswegs eine Haftung des Einwirkenden. Im Gegenteil, sie hebt gerade einen sich aus den allgemeinen Vorschriften des Gesetzes ergebenden Anspruch und eine dementsprechende Haftung auf. Es wird sich daher auf diese Vorschrift logischerweise nie der Kläger stützen. Es ist vielmehr Sache des Beklagten, die Beschränkungen des Verbietungsrechtes des Klägers geltend zu machen. Tut er dies, beruft er sich also

[1] Biermann 17, Endemann 470 A. 40, Turnau-Förster 285; AppG. Dresden 17. 11. 43, bestätigt vom OAppG. Dresden 11. 5. 44 in Seuff. A. Bd. 3 n. 7 S. 8 = Gruch. Bd. 6 S. 116; RG. 13. 12. 83 II 296. 83 in RG. Bd. 11 n. 79 S. 343 = JW. 84 S. 64 n. 82. A. A. Bay. Ob. LG. 14. 11. 79 in Seuff. A. Bd. 35 n. 187 S. 272; auch die frühere preußische Praxis, vgl. Strieth A. Bd. 81 S. 253.

[2] Biermann 104 Z. 4.

[3] Vgl. Überschrift in OLG. Bd. 7 S. 29 n. 4c.

darauf, daß die Einwirkungen den Kläger nicht oder nur unwesentlich beeinträchtigen, oder daß sie die Folge einer Grundstücksbenutzung sind, die nach den örtlichen Verhältnissen bei Grundstücken dieser Lage gewöhnlich ist, und vermag er auch dieses sein Vorbringen zu beweisen,[1] so muß die Störungsklage abgewiesen werden. Denn dann ist, was zunächst die Klage des § 1004 betrifft, der Beseitigungsanspruch nach der ausdrücklichen Vorschrift des § 1004 Abs. 2 BGB. ausgeschlossen, da dem Kläger durch die Bestimmung des § 906 das Verbietungsrecht genommen ist, und da er daher, wie der Gesetzgeber ungenau (vgl. ob. S. 9) sagt, kraft Gesetzes „zur Duldung verpflichtet ist".[2] — Aber auch bei der Geltendmachung des Beseitigungsanspruches im Wege der Besitzstörungsklage unterliegt der Kläger in diesem Falle. Denn wenn der Gesetzgeber im § 906 dem Eigentümer des beeinträchtigten Grundstückes allgemein das Verbietungsrecht gegen gewisse Einwirkungen nimmt, so ist dies so auszulegen, daß er gleichzeitig diese Einwirkungen seitens des Einwirkenden gestattet.[3] Dann aber fehlt, da die Störungen durch das Gesetz gestattet sind, das Erfordernis der verbotenen Eigenmacht (§ 858 Abs. 1 BGB.), und es steht dem Kläger der Beseitigungsanspruch insoweit nicht zu.

Für den Fall der Verfolgung des Beseitigungsanspruches mit der Eigentumsstörungsklage wird die prozessuale Bedeutung der Vorschrift des § 906 noch dadurch wesentlich erhöht, daß die Norm dieses Paragraphen dann, wenn ihr Tatbestand im Prozesse bereits aus dem Vorbringen des Klägers erhellt, von Amts wegen zu berücksichtigen ist, ohne daß es erst einer besonderen Einwendung des Beklagten bedarf. Dies ergibt sich aus der Fassung des § 1004 Abs. 2 BGB., die im deutlichen Gegensatze zu der des § 986 BGB. steht.[4]

---

[1] Über die Beweislast vgl. unten § 14 S. 59ff.

[2] So auch PLANCK 332, MÜLLER-MEIKEL 787, KRETZSCHMAR 156. A. A. MEISNER 276 A. 57, BUNSEN in BERNHÖFT-BINDER 448/9.

[3] So auch ausdrücklich BIERMANN 16.

[4] BIERMANN 209, KRETZSCHMAR 156, MEISNER 275, BUNSEN in BERNHÖFT-BINDER 449 A. 1, vgl. auch STROHAL 129.

§ 10.

3. Die Anspruchsberechtigten.

Der Beseitigungsanspruch aus Einwirkungen des § 906 steht jedem zu, der durch die Einwirkungen in seinem Eigentumsrechte beeinträchtigt oder in seinem Besitze gestört wird. Vor allem also ist anspruchsberechtigt der Eigentümer des leidenden Grundstückes, und zwar ohne Rücksicht darauf, ob er im Besitze des Grundstückes ist oder nicht.[1] Befindet sich das beeinträchtigte Grundstück im Miteigentume mehrerer Personen, so kann jeder Miteigentümer sein Verbietungsrecht selbständig geltend machen.[2] Neben dem Eigentümer steht auch allen denjenigen der Beseitigungsanspruch zu, die an dem Grundstück ein dingliches Nutzungsrecht haben, natürlich nur, soweit sie durch die Einwirkungen in ihrem Rechte beeinträchtigt werden.[3] Zu diesen Nutzungsberechtigten gehören die Erbbau- (§ 1017 Abs. 2) und Dienstbarkeitsberechtigten (§§ 1027, 1029 Abs. 2), die Nießbraucher (§ 1065) und Pfandgläubiger (§ 1227), auch die Fideikommissare. Sie alle können ihren Anspruch mit der Klage des § 1004 BGB., wie auch, soweit deren Voraussetzungen vorliegen, mit der Klage des § 862 BGB. geltend machen. Aber auch solchen Personen, die kein dingliches Recht an dem leidenden Grundstücke haben, die also nicht berechtigt sind, die Negatoria anzustrengen, wie der Mieter, der Pächter,[4] der zu einer Dienstleistung Verpflichtete,

---

[1] Mot. 424 Z. 4 a. Abs. 2 = Mugd. 237; Biermann 207, Planck 330, Cosack 174, Kuhlenbeck, BGB. 138 A. 2, Meisner, BGB. 150, Meisner 282, Leske 442.

[2] Mot. 445 = Mugd. 249; BGB. § 1011, Biermann 207, Staudinger-Kober 263/4, Landsberg 684, Neumann 636, Meisner 282, ders., BGB. 150, Eck 180, Randa 239, Männer 173, 179, Leske 442, Förster-Eccius 309, Hörle 390.

[3] Staudinger-Kober 128, Dernburg, BR. 241, Goldmann-Lilienthal 37, Turnau-Förster 286, Biermann 207 usw. wie oben A. 2. Auch RG. 11. 4. 00 V 35. 00 in RG. Bd. 46 n. 62 S. 248.

[4] A. A. Niendorff, Mietrecht nach dem BGB., Berlin, 6. Aufl., S. 169, 170, der dem Mieter und Pächter gegen Einwirkungen des § 906 eine petitorische Klage aus eigenem Rechte beilegt. Damit geht er aber zweifellos zu weit. Gibt er doch dem Mieter und Pächter das dingliche Recht, das dieser wohl

der Werkunternehmer, der Beauftragte, gewährt das Gesetz einen Schutz gegen Einwirkungen des § 906, vorausgesetzt, daß sie sich im unmittelbaren[1] Besitze des beeinträchtigten Grundstückes befinden, und daß sie durch die Einwirkungen in der Ausübung ihres Besitzes gestört werden. Nur ist der ihnen zustehende Beseitigungsanspruch nicht der dingliche des § 1004, sondern der obligatorische des § 862 BGB.

Wollte man dem Besitzer den selbständig im Klagwege verfolgbaren Beseitigungsanspruch versagen, so stünde ihm nur die Möglichkeit zu, vom Eigentümer des leidenden Grundstückes Abhilfe gegen die Einwirkungen zu fordern. Insbesondere die Mieter und Pächter befänden sich in einer recht ungünstigen Lage. Sie müßten gemäß den §§ 542 oder 581, 542 BGB. vom vermietenden oder verpachtenden Eigentümer binnen einer angemessenen Frist Beseitigung der Störung verlangen. Käme der Eigentümer diesem Verlangen nicht nach, so könnten sie ohne Einhaltung einer Kündigungsfrist das Miet- oder Pachtverhältnis lösen, oder sie müßten den Eigentümer auf Grund der §§ 536 oder 581, 536 verklagen, das zur Beseitigung der Störung Erforderliche zu tun. Würden sie in diesem Prozesse siegen, so stünde ihnen als Vollstreckungsmaßregel gegen den Eigentümer nach § 888 ZPO. nur die Androhung von Geld- oder Haftstrafen zu Gebote. Diese Strafen wiederum würden den Eigentümer nur anhalten, mit dem Einwirkenden über die Beseitigung der Einwirkungen zu verhandeln, und wenn die Verhandlungen keinen Erfolg haben, gegen ihn mit der Eigentumsstörungsklage vorzugehen. Erst der erfolgreiche Ausgang dieses zweiten Prozesses würde den Mietern oder Pächtern ein ihrem Anspruch auf Beseitigung der Einwirkungen entsprechendes Urteil verschaffen.

Dieser wohl praktisch undurchführbaren Umständlichkeit sind Mieter und Pächter, wie auch in ähnlicher Weise die übrigen

---

im ALR. hatte, das ihm aber nach BGB. grundsätzlich versagt ist. Gegen NIENDORFF auch VOLKMAR in DJZ. 01, 382; KG. 26. 9. 04 in OLG. Bd. 9 S. 295 n. 27a.

[1] Wenn wir des weiteren allgemein vom „Besitzer“ sprechen, meinen wir den „unmittelbaren Besitzer“. Hinsichtlich des „mittelbaren Besitzers“ vgl. unten S. 41 Abs. 2.

Grundstücksbesitzer, die durch Einwirkungen des § 906 in ihrem Besitze gestört werden, enthoben, sobald ihnen ein selbständiges Klagrecht gegen die besitzstörenden Einwirkungen auf Grund des § 862 BGB. zugesprochen wird.[1]

Voraussetzung der Anspruchsberechtigung aus § 862 ist nicht, daß der Beeinträchtigte Besitzer des ganzen leidenden Grundstückes ist. Der Anspruch steht auch den Besitzern nur eines Grundstücksteiles, insbesondere abgetrennter Wohnräume zu, soweit Einwirkungen in dieses ihr Besitzreich erfolgen und sie in ihrem Besitze stören (§ 865 BGB.).

Das den Beseitigungsanspruch begründende Moment ist auch hier das durch verbotene Eigenmacht herbeigeführte Hinüberwirken aus fremder Machtsphäre in das Besitzreich des Anspruchsberechtigten. Wo sonst die die Einwirkungen hervorbringenden Handlungen vorgenommen werden, das ist für die Existenz des Anspruches gleichgültig. Jedenfalls müssen sie außerhalb des Gewaltgebietes des Besitzers vorgenommen werden. Daher hat der Besitzer eines Grundstücksteiles nicht nur ein Verbietungsrecht gegenüber Einwirkungen, die von einem anderen Grundstück ausgehen, sondern auch gegenüber denjenigen Einwirkungen, die zwar in demselben Grundstück, aber in einem anderen, seinem Besitze nicht unterworfenen Grundstücksteile, z. B. in einem anderen Stockwerke, verursacht werden und aus diesem in sein Besitzreich eindringen.[2]

---

[1] Staudinger-Kober 128. — Nach Dernburg, BR. 241 ist dieser umständliche Weg der einzige Schutz des Mieters oder Pächters. Er sagt: „Mieter und Pächter dagegen entbehren nach BGB. eines dinglichen Rechtes an der Sache, daher fehlt ihnen ein Recht zur Klage gegen Dritte, von denen die Störung ausgeht.“ Die Besitzstörungsklage setzt jedoch nur Besitz und nicht ein dingliches Recht voraus. Diese Begründung des Ausschlusses der Klage nach § 862 schlägt also nicht durch. Gegen Dernburg auch Volkmar in DJZ. 01, 382.

[2] Volkmar in DJZ. 01, 382; vgl. auch Strohal 134 A. 124, Beispiel. A. A. Mittelstein, Die Miete nach dem Rechte des Deutschen Reichs, Berlin, Franz Vahlen 1900, S. 214. — Neumann 636, II 1 scheint die Besitzstörungsklage dem Mieter zwar gegen den Mitmieter, nicht aber gegen den benachbarten Eigentümer einräumen zu wollen. Zu einer solchen Unterscheidung dürfte jedoch das Gesetz keinen Anhalt geben. Gegen diese Ansicht auch Volkmar a. a. O.

Dies muß man ohne weiteres annehmen, wenn man dem Besitzer als solchem überhaupt einen selbständigen Beseitigungsanspruch gegen störende Einwirkungen zuerkennen will. Es wäre doch unerklärlich, sollte z. B. der Mieter eines halben Stockwerkes wegen der Lärmeinwirkungen, die der Grundstücksnachbar von den an die Wohnung des Mieters stoßenden Räumen seines Grundstückes aus herbeiführt, klagweise gegen diesen vorgehen dürfen, während er sich hinsichtlich der Lärmeinwirkungen, die von der auf der anderen Seite an seine Wohnung stoßenden, von dritten Leuten bewohnten Halbetage oder von dem über seiner Wohnung befindlichen Stockwerk ausgehen, nur in der oben geschilderten umständlichen Weise an den vermietenden Eigentümer sollte halten können.

Soweit nach diesen Ausführungen dem unmittelbaren Besitzer aus gegen ihn verübter verbotener Eigenmacht ein Beseitigungsanspruch zusteht, insoweit ist auch der mittelbare Besitzer berechtigt, die Beseitigung der störenden Einwirkungen zu fordern (§ 869 Satz 1 BGB.). Daher ist die Frage, ob der Beseitigungsanspruch überhaupt entstanden ist, lediglich nach der Person des unmittelbaren Besitzers zu beurteilen. Hat also der unmittelbare Besitzer, z. B. der Pächter, dem Störer die Eingriffe gestattet, so liegt, wenn daraufhin die Eingriffe erfolgen, ihm gegenüber nicht eine verbotene Eigenmacht im Sinne des § 858 BGB. vor. Dann aber ist auch dem mittelbaren Besitzer als solchem kein Anspruch aus den Einwirkungen entstanden.[1]

Niemals ist für den mittelbaren Besitzer als solchen ein Beseitigungsanspruch des § 862 gegen Einwirkungen des unmittelbaren Besitzers begründet.[2] Zu beachten ist jedoch hierbei der Fall, daß jemand unmittelbarer Besitzer des beeinträchtigten und zugleich mittelbarer Besitzer des einwirkenden Grundstückes oder Grundstücksteiles ist. Ein Beispiel mag dies erläutern: A ist Eigentümer zweier aneinander grenzender Grundstücke I und II. Das Grundstück I bewohnt und bewirtschaftet er selbst. Das

---

[1] So auch STROHAL 58, 121, 134/5.

[2] TURNAU-FÖRSTER 64; STROHAL 134/5, auch A. 124; BARON in JHER. Jahrb. Bd. 30, 223 ff.; WENDT, ebd. 52 ff.; vgl. vom Standpunkte der lex ferenda aus STROHAL in JHER. Jahrb. Bd. 29, 377 ff.

Grundstück II hat er an B verpachtet. Oder A hat einen Teil eines ihm gehörigen Grundstückes an B verpachtet; den anderen Teil bewirtschaftet er selbst. Nimmt in diesen Fällen B auf dem erpachteten Grundstück oder Grundstücksteile Handlungen vor, die in unzulässiger Weise in das Grundstück I oder in den von A bewirtschafteten Grundstücksteil einwirken, so ist A berechtigt, mit der Besitzstörungsklage gegen B vorzugehen. Dies tut er jedoch nicht als mittelbarer Besitzer des einwirkenden Grundstückes oder Grundstücksteiles, sondern lediglich in seiner Eigenschaft als beeinträchtigter unmittelbarer Besitzer.

Dem unselbständigen Inhaber eines Grundstückes oder Grundstücksteiles im Sinne des § 855 BGB. (sog. Besitzdiener), ist, da ihm eben die Eigenschaft des „Besitzers“ fehlt, der Schutz des § 862 gegen Einwirkungen des § 906 grundsätzlich versagt.

Ist das Eigentum oder der Besitz des durch Einwirkungen des § 906 BGB. beeinträchtigten Grundstückes nach Erhebung der Störungsklage veräußert worden, also auf einen anderen als den bisherigen Eigentümer oder Besitzer übergegangen, so ist der Rechtsnachfolger nach § 266 ZPO. berechtigt und auf Antrag des Gegners verpflichtet, den Rechtsstreit in der Lage, in der er sich befindet, als Hauptpartei zu übernehmen. Denn es gehören die auf dem Nachbarrechte beruhenden Beschränkungen des Eigentums zu den auf einem Grundstücke ruhenden Verpflichtungen des § 266 ZPO. Kommt doch § 266 ZPO. nicht nur hinsichtlich persönlicher Rechte des Grundstückseigentümers oder -besitzers, sondern vielmehr überall da zur Anwendung, wo, wie es hier der Fall ist, gewissermaßen das Grundstück selbst als das berechtigte Subjekt und der jeweilige Eigentümer oder Besitzer nur als dessen Vertreter erscheint.[1]

Als Rechtsnachfolger im Sinne des § 266 ZPO. ist übrigens auch derjenige anzusehen, der das Grundstück im Zwangsversteigerungsverfahren erstanden hat.[2]

---

[1] RG. 29. 5. 97 V 4. 97 in RG. Bd. 40 n. 91 S. 333 = Seuff. A. Bd. 53 n. 191 S. 345 = JW. 97 S. 448 ff. n. 7/8; Reincke 268 Z. 4, Gaupp-Stein I 571.

[2] Turnau-Förster 286, Dernburg, BR. 241, Gaupp-Stein I 566, Wilmowski-Levy I 355; Seuff., ZPO. 327 d. — RG. 29. 5. 97 V 4. 97 = DJZ. 97

§ 11.

4. Die Anspruchsverpflichteten.

Der Beseitigungsanspruch wegen der unzulässigen Einwirkungen des § 906 richtet sich gemäß den §§ 1004, 862 BGB. gegen den Störer[1] und nach dessen Tode gegen den Erben des Störers. Gleichgültig ist es, ob der Störer ein dingliches oder ein persönliches oder ob er gar kein Recht an dem beeinträchtigenden Grundstücke hat. Es haftet der störende Eigentümer ebenso wie der störende Mieter, Pächter und Dienstleistungsverpflichtete. Auch kann der störende Miteigentümer von dem anderen Miteigentümer in Anspruch genommen werden.[2]

Eine absolute Haftung des Eigentümers als Repräsentanten des beeinträchtigenden Grundstückes gibt es demnach nicht. Der Eigentümer kann nur dann wegen der von seinem Grundstück ausgehenden Einwirkungen zur Rechenschaft gezogen werden, wenn auch er als „Störer" im Sinne der §§ 1004, 862 anzusehen ist.[3]

„Störer" im Sinne dieser Vorschriften ist nun aber derjenige, der die Einwirkungen durch sein Tun oder pflichtwidriges Unterlassen unmittelbar verursacht,[4] wie auch derjenige, durch den

S. 345 n. 65 = RG. usw. wie in vor. A.; RG. 21. 1. 99 V 251. 98 in JW. 99 S. 143 n. 14.

[1] Gegen die gleiche Bezeichnung des Anspruchsverpflichteten als „Störers" in den §§ 862 und 1004 BGB. Hölder im A. ziv. Pr. 93, 21.

[2] Windscheid-Kipp 897 A. 12, Vangerow 874, Rehbein 808, 810, Förster-Eccius 309, m. L. in A. 26; Roth-Becher 151, 376, m. L. in A. 22, Schell-hass 79, Landsberg 684, Staudinger-Kober 280, Männer 177, Cosack 420, Hörle 389, Randa 239, m. L. in A. 39, Gruch. Bd. 9, 189; vgl. Hesse in Jher. Jahrb. Bd. 41, 60—81; auch LG. Magdeburg 28. 1. 01 im Recht 01 S. 175 n. 564.

[3] Biermann 207, Planck 173, 331, Dernburg BR. 242, Leske 442, Meisner 283, OLG. Celle 4. 2. 01 in OLG. Bd. 3 S. 181 n. 48; KG. 12./19. 3. 01 in OLG. Bd. 2 S. 315 n. 137d; KG. 4. 6. 01 in OLG. Bd. 3 S. 11 n. 4 f. A. A. RG. 1. 10. 98 V 129. 98 in JW. 98 S. 620 n. 67.

[4] Gehen die Einwirkungen von einer Anlage aus, so ist Störer derjenige, der die Anlage hält, d. h. besitzt, ohne Rücksicht darauf, ob er sie selbst errichtet hat. Denn er ist es, der gegenwärtig allein die Störung zu beseitigen in der Lage ist. Planck 51, 331, Biermann 25.

der mit dem Inhalte des Eigentums oder mit der dem Besitzer zustehenden Herrschaft im Widerspruch stehende, die Beeinträchtigung des Eigentümers oder des Besitzers darstellende Zustand aufrecht erhalten wird.[1]

Der Grundstückseigentümer ist daher neben dem unmittelbaren Störer nur dann anspruchsverpflichtet, wenn er

1. dem Einwirkenden das Grundstück bewußtermaßen zu einer solche Eigentumsübergriffe in sich schließenden Benutzung überlassen hat, wenn er eine solche Benutzungsart ausdrücklich angeordnet oder wenn er sie ausdrücklich gestattet hat, und ebenso

2. wenn er es unterläßt, von dem ihm gegen die Einwirkungen des anderen zustehenden Verbietungsrechte Gebrauch zu machen, obwohl er zur Geltendmachung dieses seines Verbietungsrechtes verpflichtet wäre.

Denn in beiden Fällen ist das Erfolgen der Einwirkungen von dem Willen des Eigentümers abhängig.[2]

Überläßt hiernach z. B. ein Grundstückseigentümer leih- oder mietweise sein Grundstück einem anderen zur Aufstellung und zum Betriebe einer Dampfdreschmaschine oder verpachtet er an einen anderen dauernde Anlagen, deren Bestand oder bestimmungsgemäße Benutzung unzulässige Einwirkungen herbeiführt,[3] so ist er für die durch den Betrieb der Dampfmaschine oder durch die dauernden Anlagen hervorgerufenen[4] Einwirkungen verantwort-

---

[1] Mot. 424 = Mugd. 237; Planck 331, Biermann 207, Neumann 692, Dernburg BR. 242, Endemann 590 b, Meisner 283, Hörle 389, Ortloff 81; OLG. Marienwerder 10. 10. 01 in OLG. Bd. 4 S. 65 n. 21 d.

[2] RG. 28. 2. 00 V 340. 99 in RG. Bd. 45 n. 76 S. 297 = JW. 00 S. 324 n. 33; RG. 18. 1. 02 V 324. 01 in Gruch. Bd. 46 n. 38 S. 650 = JW. B. 00/02 S. 187 = Recht 02 S. 101 n. 455; RG. 23. 1. 04 V 311. 03 = Gruch. Bd. 48 n. 102 S. 949 = JW. 04 S. 142 n. 11 = DJZ. 04 S. 407 n. 36 a = Recht 04 S. 167 n. 766/7 = Seuff. A. Bd. 59 n. 128 S. 230 = Puchelt Z. Bd. 35, 137.

[3] Z. B. ein für die Zwecke der Gastwirtschaft eingerichtetes Haus mit Kegelhallen und einen zur Abhaltung von größeren Festlichkeiten bestimmten Saal; vgl. OLG. Celle 4. 2. 01 in OLG. Bd. 3 S. 181 n. 48; OLG. Darmstadt 11. 3. 04 im Recht 04 S. 576 n. 2494, auch Biermann 207, Staudinger-Kober 264.

[4] Werden in einem solchen Falle die rechtswidrigen Einwirkungen nicht durch die Anlage selbst, sondern durch einen Mißbrauch der Anlage

lich. Ebenso haftet aus den unzulässigen Einwirkungen der Grundstückseigentümer, der einem Dritten die Vornahme der die Einwirkungen erzeugenden Handlungen aufträgt,[1] wie auch der Vermieter oder Verpächter, der seinem Mieter oder Pächter nachträglich die Benutzung seines Grundstückes in einer solchen Weise gestattet, daß Einwirkungen auf die Nachbargrundstücke erfolgen.

Daher haftet auch die Stadtgemeinde für die durch die Ortseinwohner erfolgte Einleitung von Fäkalien in den von ihr eingerichteten und den Einwohnern zur Ableitung von Abwässern überlassenen Kanal, und es kann in diesem Falle die Störungsklage wegen der hierdurch entstehenden Geruchseinwirkungen selbst dann mit Erfolg gegen die Stadtgemeinde gerichtet werden, wenn diese die Einleitung der Fäkalien in den Kanal den Einwohnern ausdrücklich verboten hat.[2]

Neben dem unmittelbaren Störer haftet der Eigentümer fernerhin, wie bereits erwähnt, wenn er die Einwirkungen untätig duldet, obwohl er verpflichtet wäre, gegen sie einzuschreiten. Hier ist insbesondere die Frage zu behandeln: Haftet der vermietende oder verpachtende Grundstückseigentümer neben dem Mieter oder Pächter für die von diesem ausgehenden unzulässigen Einwirkungen auch dann, wenn die unter 1 (oben S. 44) angeführten Voraussetzungen nicht gegeben sind?

Der Miet- oder Pachtvertrag ist nach dem in § 157 BGB. aufgestellten Grundsatze von Treu und Glauben derart auszulegen, daß sich der Mieter oder Pächter aller solcher Handlungen enthalten solle, die nach den allgemeinen Regeln des Nachbarrechtes,

---

seitens dritter Personen verursacht, so ist der Eigentümer nicht ohne weiteres als Halter der Anlage haftbar. Er ist vielmehr nur dann anspruchsverpflichtet, wenn eine Verursachung seinerseits aus anderen Gründen anzunehmen ist. So auch Biermann 207.

[1] Staudinger-Kober 264, Planck 51, Goldmann-Lilienthal 21, Fischer-Henle 527, Meisner 284/5, Scherer III 23, Biermann 24, Turnau-Förster 63, 64.

[2] RG. 15. 12. 00 V 252. 00 in Gruch. Bd. 45 n. 89 S. 1008 = Recht 01 S. 206 n. 665 = JW. 01. 52 = JW. B. 01. 64 = DJZ. 01 S. 214 n. 26 = Fischer, Z. Bd. 23, 180.

also auch nach § 906 BGB., dem Nachbar gegenüber als rechtswidrig erscheinen. In der trotzdem erfolgenden Vornahme solcher Handlungen seitens des Mieters oder Pächters liegt dann ein vertragswidriger Gebrauch des gemieteten oder gepachteten Grundstückes oder Grundstücksteiles im Sinne der §§ 550 und 581, 550 BGB., und es ist der Eigentümer berechtigt, nach vorgängiger vergeblicher Abmahnung gegen den Mieter oder Pächter auf Unterlassung der Einwirkungen zu klagen, oder, wenn die Voraussetzungen der §§ 553 oder 581, 553 gegeben sind, das Vertragsverhältnis ohne Einhaltung einer Kündigungsfrist zu kündigen.[1] Zu einem solchen Vorgehen gegen den einwirkenden Mieter oder Pächter ist er nun aber auch verpflichtet.[2] Als Grundstückseigentümer hat er dafür Sorge zu tragen, daß von seinem Grundstücke nicht unzulässige Einwirkungen auf andere Grundstücke erfolgen. Dadurch, daß er das Grundstück einem anderen, sei es miet-, sei es pachtweise, überläßt, wird er von dieser Verpflichtung nicht befreit. Unterläßt er es, obwohl er von den Einwirkungen Kenntnis erlangt hat, dem Mieter oder Pächter die unzulässigen Einwirkungen zu untersagen und nötigenfalls von seinen weiteren Rechten gegen ihn Gebrauch zu machen, so verletzt er damit die ihm obliegende Verpflichtung gegenüber den Eigentümern der Nachbargrundstücke und verursacht die Einwirkungen durch sein pflichtwidriges Nichtverhindern, m. a. W., er wird neben dem Mieter und Pächter zum „Störer" im Sinne der §§ 862, 1004 BGB. Dabei ist es rechtlich bedeutungslos, aus welchem Grunde er es unterläßt, gegen die Einwirkungen einzuschreiten. Er wird selbst dann nicht von seiner Haftung befreit,

[1] RG. 27. 12. 00 VI 316. 00 in RG. Bd. 47 n. 37 S. 162 = JW. 01. 51 = JW. B. 01. 63 = Seuff. A. Bd. 57 S. 17 n. 9 = DJZ. 01 S. 237 n. 30 = Recht 01 S. 311 n. 1170 = Sächs. A. Bd. 11, 218, wo das Urteil wohl fälschlicherweise als vom 7. 1. 01 zitiert wird; RG. 23. 1. 04 V 311. 03 wie ob. S. 44 A. 2; A. A. OLG, Kolmar 1. 7. 03 im Recht 03 S. 401 n. 2159.

[2] Staudinger-Kober 264, Meisner 284, Neumann 637. RG. 27. 12. 00 VI 316. 00 wie ob. A. 1; OLG. Marienwerder 10. 2. 02 in OLG. Bd. 5 S. 71 n. 15 e. OLG. Karlsruhe 24. 10. 02 in DJZ. 03 S. 252 V 5, RG. 23. 1. 04 V 311. 03 wie ob. S. 44 A. 2. A. A. Biermann 208 u. KG. 4. 6. 01 in OLG. Bd. 3 S. 11 n. 4 f.

wenn er die Einwirkungen lediglich wegen zufälliger Schwierigkeiten der Prozeß- und Beweisführung duldet.[1]

Soweit dagegen der vermietende oder verpachtende Grundstückseigentümer seinen Verpflichtungen nachkommt, kann er nicht als Störer in Anspruch genommen werden. Er ist also dann nicht anspruchsverpflichtet, wenn er vor Klagerhebung die Einwirkungen überhaupt nicht gekannt hat und nach Klagerhebung sofort gegen sie einschreitet, oder wenn er sofort, nachdem er über die Einwirkungen unterrichtet worden ist, dem Mieter oder Pächter eine angemessene Frist zu deren Beseitigung gesetzt hat, und wenn vor Ablauf dieser Frist die Klage gegen ihn erhoben wird.

Sind im einzelnen Falle mehrere Personen für dieselben Einwirkungen als Störer haftbar, so steht dem Kläger die Wahl zu, gegen wen er vorgehen will, und es kann an sich keiner von diesen Störern die gegen ihn gerichtete Klage auf einen anderen abwälzen.

Wirkt der Vertreter einer juristischen Person durch Handlungen, die er in Ausübung der ihm zustehenden Verrichtungen vornimmt, in unzulässiger Weise auf ein Nachbargrundstück ein, so ist die juristische Person der „Störer“ im Sinne der §§ 862, 1004 BGB. Dies bestimmt sich analog nach § 31 BGB., dessen unmittelbare Anwendung ausgeschlossen ist, da es sich hier nicht um eine Schadensersatzpflicht handelt.[2]

Behauptet der Beklagte, die in unzulässiger Weise einwirkenden Handlungen in Ausübung des Rechtes eines anderen vorgenommen zu haben, so kann er sich nach §§ 77, 76 ZPO. unter Umständen dadurch seiner Beklagtenrolle entledigen, daß er diesem anderen vor der Verhandlung zur Hauptsache den Streit verkündet und ihn unter Benennung an den Kläger (laudatio oder nominatio auctoris) zur Erklärung ladet. Ist dann der Benannte zur Übernahme der Rolle des Beklagten bereit, so tritt er in diese mit Zustimmung des Beklagten ein. Einer Zustimmung

---

[1] RG. 18. 1. 02 V 324 01 in Gruch. Bd. 46 n. 38 S. 654 = JW. B. 00/02 S. 187.

[2] Planck 51, Staudinger-Kober 19a, Biermann 24, Meisner, BGB. 19; Bay. Ob. LG. 16. 1. 80 in Seuff. A. Bd. 35 n. 181 S. 263.

des Klägers bedarf es nur insoweit, als dieser gleichzeitig gegen den Beklagten Ansprüche verfolgt, die von dem zur nominatio auctoris berechtigenden Rechtsverhältnis unabhängig sind (§ 76 Abs. 3 ZPO.). So scheidet der Beklagte aus dem Prozeßrechtsverhältnis ohne Sachentscheidung aus.

Bestreitet der Benannte dagegen die Behauptungen des Beklagten, oder erklärt er sich nicht, so bleibt das Prozeßrechtsverhältnis unberührt, und es ist die Wirkung eine rein zivilistische: der Beklagte kann in diesem Falle unverantwortlich — natürlich Arglist ausgenommen — dem Klagantrage genügen (§ 76 Abs. 2 ZPO.).

Tritt während des Prozesses ein Wechsel in der Person des Störers ein, z. B ein Fabrikherr verkauft die Fabrik, und der Erwerber setzt den in das Eigentumsgebiet des Klägers einwirkenden Betrieb fort, so findet hinsichtlich des Rechtes und der Verpflichtung des neuen Störers zur Übernahme des Rechtsstreites als Hauptpartei die Vorschrift des § 266 ZPO. und überdies das oben S. 42 Gesagte entsprechende Anwendung.[1]

§ 12.

5. Der Inhalt des Beseitigungsanspruches.

Der Inhalt des gegen Einwirkungen des § 906 begründeten allgemeinen Beseitigungsanspruches — mag er mit der Eigentums- oder mit der Besitzstörungsklage geltend gemacht werden — ist ein doppelter:

1. Der Anspruch richtet sich zunächst auf Beseitigung der durch die Einwirkungen erfolgenden Beeinträchtigungen oder Störungen — der sog. Beseitigungsanspruch im engeren Sinne —. Dieser engere Beseitigungsanspruch wiederum geht auf Beseitigung der tatsächlichen Einwirkungen selbst und außerdem auf Wiederherstellung des Zustandes, der bestehen würde, wenn

[1] OLG. Karlsruhe 26. 10. 03 in Bad. Rpr. 03 S. 9 = Recht 04 S. 79 n. 356.

die Einwirkungen nicht erfolgt wären,[1,2] beides auf Kosten des Störers,[3] ohne Rücksicht darauf, ob dieser unmittelbarer oder nur mittelbarer Störer ist.[4]

2. Sind weitere Einwirkungen zu besorgen, so richtet sich der allgemeine Beseitigungsanspruch auch auf Unterlassung aller dieser weiteren Einwirkungen — der sog. Unterlassungsanspruch —. Eine solche Besorgnis weiterer Einwirkungen muß objektiv gerechtfertigt sein. Die subjektive Auffassung des Klägers ist nicht allein maßgebend.[5] In unseren Einwirkungsfällen wird allerdings diese Besorgnis in der Regel vorliegen.

Nicht umfaßt der allgemeine Beseitigungsanspruch den Anspruch auf Ersatz des durch die unzulässigen Einwirkungen eingetretenen positiven Schadens.[6] Wenn der Beseitigungsanspruch

---

[1] Mot. 425 = Mugd. 237; Planck 277, Biermann 208, Endemann 591, Hörle 388; OLG. Marienwerder 10. 10. 01 in OLG. Bd. 4 S. 65 n. 21 d; RG. 4. 6. 02 V 105. 02 in RG. Bd. 51 n. 94 S. 411. A. A. Meisner 265. Nach ihm geht der Beseitigungsanspruch auf Herstellung nur des Zustandes, der bestehen würde, wenn die Beeinträchtigung gegenwärtig nicht mehr vorhanden wäre, nicht aber des Zustandes, der bestehen würde, wenn die Einwirkungen überhaupt nie erfolgt wären.

[2] Es genügt übrigens die Wiederherstellung eines gleichwertigen Zustandes. So auch Planck 231, Kuhlenbeck, BGB. 139 A. 4 und OLG. Marienwerder wie oben A. 1. — Mot. 425 = Mugd. 237 haben die Beantwortung dieser Frage der Praxis und Rechtswissenschaft überlassen.

[3] Biermann 25, 208, Planck 331, Neumann 580 Z. 3a, Endemann 591 A. 29, Cosack 83, Männer 174, Meisner 266, ders., BGB. 151, Hörle 288, Leske 443, Bunsen in Bernhöft-Binder 448, LG. Magdeburg 28. 1. 01 im Recht 01 S. 175 n. 564. — Nach ALR. (I 7, 223, 243) hing diese Kostenpflicht von der Redlichkeit und Unredlichkeit des Beklagten ab.

[4] Daher hat der Vermieter, der zur Beseitigung der von seinem Mieter verursachten Einwirkungen verurteilt worden ist, auch die Kosten der Beseitigung zu tragen. Ob er vom Mieter Regreß nehmen kann, ist eine andere Frage. So auch Meisner 266. A. A. RG. 28. 2. 00 V 344. 99 in RG. Bd. 45 n. 76 S. 299.

[5] OLG. Dresden 6. 5. 01 im Sächs. A. Bd. 11, 494 = Recht 01 S. 589 n. 2464.

[6] Mot. 125, 425 = Mugd. 70, 237. So auch die allgemeine Ansicht in der Praxis wie in der Wissenschaft. Anders das römische Recht (vgl. Puchta 262, Kuhlenbeck 566) und das sächsische Recht (vgl. § 321 Sächs. BGB.; OLG. Dresden 7. 3. 92 in Sächs. OLG. Bd. 13 S. 275 n. 18; 5. 1. 93 ebd. Bd. 14 S. 152 n. 9; 8. 10. 94 ebd. Bd. 16 S. 59 n. 1.

auch auf Wiederherstellung des Zustandes gerichtet ist, der bestehen würde, wenn die Einwirkungen nicht erfolgt wären, wenn er also auch ebenso, wie der Schadensersatzanspruch in erster Linie auf Naturalrestitution geht, so ist er doch durchaus von dem Schadensersatzanspruche des § 249 BGB. zu unterscheiden.[1] Bei dem Beseitigungsanspruch ist nicht, wie beim Schadensersatzanspruche, die Schadenszufügung das Wesentliche, sondern allein die Rechtsverletzung, die Schaffung eines dem Rechte widersprechenden Zustandes, der beseitigt werden muß. Das Moment der Schadenszufügung kommt erst nach diesem und nur deshalb in Betracht, weil die Wiederherstellung des früheren Zustandes die Beseitigung der materiellen Folgen der Rechtsverletzung für den Beschädigten erfordert.[2] Außerdem aber setzt der Schadensersatzanspruch neben der Schadenszufügung einen besonderen Verpflichtungsgrund — mag er in einem Verschulden auf seiten des Einwirkenden oder in einem anderen Rechtsgrunde liegen — voraus, während weder die Eigentums- noch die Besitzstörungsklage zu ihrer Begründung eines solchen bedarf (vgl. oben S. 35). Daher untersteht auch der Beseitigungsanspruch nicht den §§ 249 ff. BGB. Insbesondere tritt, wenn die Herstellung des früheren oder eines gleichwertigen Zustandes unmöglich und im Wege des unmittelbar auf ihre Herbeiführung gerichteten Zwanges nicht durchzusetzen ist, nicht ein Anspruch auf das Interesse an dem künftigen Wegfalle der Beeinträchtigung als Ersatz an die Stelle des Beseitigungsanspruches. Auch steht dem Beklagten nicht das Recht zu, den Kläger in Geld zu entschädigen, wenn die Herstellung nur mit unverhältnismäßigen Aufwendungen möglich ist (§§ 251 BGB.).[3]

Das Wesentliche des allgemeinen Beseitigungsanspruches liegt nach diesen Ausführungen in dem Wegfalle der gegenwärtig

[1] Mot. 425 = Mugd. 237; RG. 4. 6. 02 V 105. 02 in RG. Bd. 51 n. 94 S. 411.

[2] So auch Fuld im Sächs. A. Bd. 12, 257 ff.

[3] Mot. 425 = Mugd. 237; Biermann 209, Planck 331, Fischer-Henle 527, Endemann 474 A. 54, Hörle 390; LG. Magdeburg 28. 1. 01 im Recht 01 S. 175 n. 564; OLG. Colmar 5. 2. 02 im Recht 02 S. 292 n. 1426 = OLG. Bd. 4 S. 313 n. 71 c, bestätigt (vgl. ebd. Nachtrag S. 51) vom RG. 4. 6. 02 V 105. 02 in RG. Bd. 51 n. 94 S. 408. A. A. Meisner 265/6.

erfolgenden und der künftig zu erwartenden unzulässigen Einwirkungen. Dabei richtet sich der Anspruch jedoch nicht auf eine bestimmte Art und Weise dieses Wegfalles. Wie die Verwirklichung des Anspruches vielmehr herbeizuführen ist, das zu bestimmen ist lediglich Sache des Beklagten. Er kann nach seinem Belieben Vorkehrungen treffen, die die Einwirkungen beseitigen oder auf ein unverbietbares Maß herabmindern. Er kann aber auch das die Einwirkungen hervorbringende Tun unterlassen und, wenn die Einwirkungen Folgen einer Unterlassung sind, die unterlassenen Handlungen vornehmen. Ebenso steht es ihm frei, ohne weiteres die einwirkenden Anlagen zu beseitigen, den störenden Betrieb einzustellen.

Demgemäß müssen Klagantrag und Urteilssatz so gebildet sein, daß sie dem Beseitigungsanspruche gerecht werden, ohne das Recht des Beklagten zur Bestimmung des zur Beseitigung der Einwirkungen einzuschlagenden Weges zu verletzen. Unzulässig also ist eine Verurteilung, die unmittelbar auf Beseitigung der einwirkenden Anlage oder auf Einstellung des störenden Betriebes gerichtet ist.[1] Unrichtig erscheint uns auch eine Verurteilung zur Vornahme von Einrichtungen, die die Einwirkungen, soweit sie unzulässig sind, zu beseitigen geeignet sind.[2] Ein dementsprechender Urteilssatz — wie er übrigens in der Praxis sehr häufig zu finden ist — läßt zwar dem Beklagten, vorausgesetzt, daß er sich der jedenfalls ebenso unnötigen wie unzulässigen Aufzählung bestimmter Maßnahmen[3] enthält, freie Hand. Er erschöpft

[1] Meisner 267; a. A. Turnau-Förster 287. — Man darf nicht etwa aus § 26 GewO. schließen, daß es auf Grund der §§ 862, 1004 BGB. einen derartigen unmittelbar auf Betriebseinstellung gerichteten Anspruch gebe, denn bei Erlaß der GewO. war die rechtliche Natur der Klagen auf Beseitigung unzulässiger Einwirkungen noch nicht klargestellt.

[2] Rocholl 405 erklärt einen solchen Antrag und eine solche Verurteilung für unzulässig, da beides mit § 1004 BGB. unvereinbar sei.

[3] Biermann 208, Goldmann-Lilienthal 38, Fischer-Henle 485, Endemann 474, Dernburg, BR. 244, Turnau-Förster 286, Meisner 267, Hörle 376, Rassow in Gruch. Bd. 43, 685. Ebenso das gemeine Recht. Nach 1900: RG. 11. 4. 00 V 34. 00 in Gruch. Bd. 44 n. 105 S. 1097 = JW. 00 S. 438 n. 5; RG. 10. 5. 00 VI 96. 00 in Gruch. Bd. 44 n. 104 S. 1096 = JW. 01, 501 = JW. 01 B. S. 1 = DJZ. 00 S. 441 n. 61 = Recht 00 S. 372 n. 205; RG.

jedoch den Anspruch des Klägers nicht. Stellt sich nämlich im Zwangsvollstreckungsverfahren heraus, daß geeignete Einrichtungen nicht getroffen werden können, so richtet sich nunmehr, aber auch erst jetzt, der Beseitigungsanspruch auf Einstellung des einwirkenden Betriebes oder auf Beseitigung der störenden Anlage. Dann aber ist ein Urteilssatz, der die Verurteilung zur Vornahme abhelfender Einrichtungen ausspricht, nicht vollstreckbar, und es bleibt der weitergehende Anspruch des Klägers unbefriedigt.[1] Ein alternativer Antrag und eine alternative Verurteilung, „entsprechende Vorkehrungen zu treffen oder, falls solche nicht getroffen werden können, den Betrieb einzustellen", ist mit Rücksicht auf das unbeschränkte Bestimmungsrecht des Beklagten ebenfalls nicht zu billigen.[2]

Antrag und Urteilssatz haben sich vielmehr ganz allgemein zu richten auf Verurteilung des Beklagten, die Einwirkungen überhaupt, und wenn die Ausnahmevorschrift des § 906 in Frage steht, die Einwirkungen, soweit sie nach § 906 verbietbar sind, zu unterlassen.[3] Im letzteren Falle muß aber in dem Urteilssatze das Maß der Verbietbarkeit der Einwirkungen, am besten mit den Worten des Gesetzes, bezeichnet sein. Dies ist für das Vollstreckungsverfahren unbedingt erforderlich. Es genügt daher nicht ein Urteilssatz, der lautet, der Beklagte habe die Einwirkungen abzustellen, „soweit sie das erträgliche Maß übersteigen".[4] Denn

---

5. 11. 00 VI 240. 00 in JW. 00 S. 840 n. 6; OLG. Karlsruhe 16. 2. 01 in Bad. Rpr. 01, 270 = Recht 01 S. 590 n. 2470; RG. 8. 2. 02 V 379. 01 in JW. 02 B. 203; OLG. Karlsruhe 24. 10. 02 in DJZ. 03 S. 132 VIII 4 = Recht 04 S. 19 n. 47; RG.-Beschl. 13. 5. 03 in Gruch. Bd. 47 n. 52 S. 916 = JW. 03 B. S. 77 n. 176 = Seuff. A. Bd. 59 n. 21 S. 39; RG. 16. 5. 03 V 14. 03 = JW. 03 B. S. 103 n. 231 = Recht 03 S. 430 n. 2264; RG.-Beschl. 8. 2. 05 V B. 36. 05 in RG. Bd. 60 n. 26 S. 121 = JW. 05 S. 180 n. 28 = Recht 05 S. 168 n. 742 (wo wohl fälschlicherweise RG. 22. 12. 04 V B. 36. 05 zitiert ist). A. A. Rocholl 398.

[1] RG. 1. 12. 00 V 230. 00 in Gruch. Bd. 46 n. 118 S. 1097 = JW. 00 S. 895 n. 7.

[2] A. A. Staudinger-Kober 265 und Bay. Ob. LG. 27. 6. 92 in Seuff. A. Bd. 48 n. 171 S. 266.

[3] So auch Endemann 475, Meisner 267.

[4] So RG. 10. 6. 00 VI 96. 00 in Gruch. Bd. 44 S. 1096 n. 104.

der Begriff des Erträglichen und Unerträglichen ist unbestimmbar, ganz abgesehen davon, daß auch „unerträgliche“ Einwirkungen erlaubt sind, wenn sie durch eine Grundstücksbenutzung herbeigeführt werden, die in der Gegend des störenden Grundstückes ortsüblich sind.

Nach alledem würde unseres Erachtens der verurteilende Tenor beispielsweise folgendermaßen zu lauten haben:

> Der Beklagte wird verurteilt, die von dem auf seinem Grundstück aufgestellten Petroleummotor ausgehenden Geruchseinwirkungen auf das Grundstück des Klägers insoweit zu unterlassen, als sie die Benutzung dieses Grundstückes wesentlich beeinträchtigen und durch eine Benutzung des Grundstückes des Beklagten herbeigeführt werden, die nach den örtlichen Verhältnissen bei Grundstücken dieser Lage nicht gewöhnlich ist.

Allerdings liegt in einer solchen Fassung des Urteilssatzes eine große Unbestimmtheit. Ihre Beseitigung ist jedoch unmöglich. „Denn,“ so sagt das RG.[1] mit Recht, „die Unbestimmtheit liegt nicht allein darin, daß je nach dem Zusammenwohnen der Menschen und den in den verschiedenen Ortschaften herrschenden Beschäftigungen, je nachdem ein landwirtschaftlicher oder ein industrieller Bezirk in Frage steht, das Maß der nach Billigkeit zu ertragenden und andererseits der übermäßigen Belästigungen ein verschiedenes sein wird, sondern durch Worte ist im voraus eine feste Begrenzung in der Urteilsformel überhaupt nicht zu geben. Vielmehr wird stets nur in den in der Zukunft etwa eintretenden einzelnen Fällen, also in der Zwangsvollstreckung geprüft und entschieden werden müssen, ob die konkrete Beeinträchtigung als eine übermäßige im Sinne des erlassenen Urteils anzusehen ist.“

Hat der Beklagte während des Prozesses Vorkehrungen getroffen, die die Einwirkungen überhaupt oder insoweit abstellen, als sie verbietbar sind, so wird der durch die erfolgten Einwirkungen erzeugte Beseitigungsanspruch nicht ohne weiteres

---

[1] RG. 19. 11. 97 III 186. 97 in RG. Bd. 40 n. 49 S. 184 = Seuff. A. Bd. 53 S. 324 n. 180.

betroffen.[1] Es wird vielmehr in den meisten Fällen die Besorgnis weiterer Einwirkungen zurückbleiben. Solange aber eine solche Besorgnis objektiv, bei verständiger Würdigung der Sachlage,[2] gerechtfertigt ist, bleibt auch der Beseitigungsanspruch des Klägers unbeschränkt bestehen, und es ist ihm durch Erlaß eines Urteils gerecht zu werden. Ist es doch jederzeit möglich, daß die getroffenen Vorkehrungen vom Beklagten oder von dritten Personen wieder beseitigt werden, oder daß sie sich im Laufe der Zeit als unzureichend erweisen.

Nur dann vermag die Abstellung der rechtswidrigen Einwirkungen während des Prozesses die Befriedigung des Beseitigungsanspruches herbeizuführen, wenn sie, wie dies z. B. hinsichtlich der von einer Anlage ausgehenden Einwirkungen nur bei einer völligen Beseitigung der Anlage der Fall ist, die absolute Unmöglichkeit weiterer unzulässiger Einwirkungen zur Folge hat.[3]

§ 13.

6. Einwendungen gegen den Beseitigungsanspruch aus verbietbaren Einwirkungen des § 906.

Der Beseitigungsanspruch, den die nach § 906 verbietbaren Einwirkungen begründen, ist — zunächst vorausgesetzt, er werde mit der Eigentumsstörungsklage geltend gemacht — ausgeschlossen, wenn dem Kläger das Verbietungsrecht gegen die Einwirkungen aus irgend einem Rechtsgrunde genommen ist, wenn der Kläger

---

[1] Dies ist natürlich auch dann der Fall, wenn der Beklagte im Laufe des Prozesses eine beschwichtigende Erklärung, z. B. des Inhaltes, er wolle die Einwirkungen in Zukunft unterlassen, abgibt; vgl. OLG. Dresden 19. 4. 02 im Sächs. A. Bd. 12, 496.

[2] Planck 51, vgl. oben S. 49, insbes. A. 5.

[3] Biermann 208, Planck 174, 332, Goldmann-Lilienthal 38 A. 40, Kuhlenbeck, BGB. 139, Fischer-Henle 527, Turnau-Förster 287, Hörle 375, Fuld im Sächs. A. Bd. 12, 261ff. So auch das gem. Recht. Nach 1900: OLG. Celle 4. 2. 01 in OLG. Bd. 3 n. 48 S. 182; RG. 11. 12. 01 V 286. 01 in Seuff. A. Bd. 57 n. 37 S. 62 = DJZ. 02 S. 68 n. 15 = JW. 02, 70 = JW. 02 B. 181 = Recht 02 S. 44 n. 149; RG. 8. 2. 02 V 379. 01 = JW. 02 B. 203 = Recht 02 S. 149 n. 674.

also, wie das Gesetz sagt, „zur Duldung" der Einwirkungen verpflichtet ist (§ 1004 Abs. 2 BGB.).

Eine derartige Ausschließung kann zunächst wiederum auf einer Gesetzesbestimmung — so z. B. auf § 226 BGB. — beruhen. Dann aber kann sie auch in irgend welchen Rechtsverhältnissen ihren Grund haben. So kann der Beseitigungsanspruch insbesondere durch Verträge über das gesetzliche Maß hinaus eingeschränkt oder vollständig ausgeschlossen werden. Solche Verträge können sowohl dinglicher Natur, wie auch Verträge mit nur persönlicher Wirkung sein. Hat also ein früherer Eigentümer des leidenden Grundstückes dieses mit einer Grunddienstbarkeit belastet, nach der dessen jeweiligem Eigentümer das Verbietungsrecht gegen bestimmte Einwirkungen des Nachbargrundstückes genommen sein soll,[1] so ist damit auch der jetzige Eigentümer wie jeder spätere Erwerber des beeinträchtigten Grundstückes seines Beseitigungsanspruches beraubt. Ist dagegen lediglich eine Vereinbarung mit persönlicher Wirkung getroffen worden, so hat sie nur unter den Kontrahenten rechtliche Bedeutung, und es wird der Beseitigungsanspruch eines Eigentümers gegen unzulässige Einwirkungen nicht dadurch berührt, daß sein Rechtsvorgänger dem Störer die Einwirkungen persönlich gestattet hat.[2]

Eine solche Vereinbarung der Ausschließung des Verbietungsrechtes mit nur obligatorischer Wirkung kann auch stillschweigend erfolgen. Hat z. B. der Kläger einen Teil seines Grundstückes an den Beklagten ausdrücklich oder bewußtermaßen zu einer Benutzung verkauft, die notwendigerweise unzulässige Einwirkungen des § 906 mit sich bringt, so ist dieser Kaufvertrag nach dem in § 157 BGB. anerkannten Grundsatze von Treu und Glauben so auszulegen, daß sich der Verkäufer zugleich den Nachteilen,

[1] Über die Zulässigkeit einer solchen Grunddienstbarkeit vgl. § 1018 BGB., insbes. die Worte: „daß die Ausübung eines Rechtes ausgeschlossen ist, das sich aus dem Eigentum an dem belasteten Grundstücke dem anderen Grundstücke gegenüber ergibt". Möglich ist natürlich auch die Begründung einer entsprechenden beschränkten persönlichen Dienstbarkeit § 1090 BGB. — Über die Eintragungsfähigkeit solcher Belastungen in das Grundbuch vgl. Endemann 354.

[2] Staudinger-Kober 266, Biermann 209, Kuhlenbeck 566, Meisner 276.

die sich aus der fraglichen Benutzung für das Restgrundstück ergeben, stillschweigend unterworfen, daß er also stillschweigend auf seinen Beseitigungsanspruch verzichtet hat. Dies gilt natürlich nur, soweit die Einwirkungen bei Abschluß des Kaufvertrages als möglich vorausgesehen werden konnten.[1]

Das gleiche ist anzunehmen, wenn der Kläger einen Teil des einwirkenden Grundstückes käuflich erworben hat, obwohl er zur Zeit des Kaufabschlusses die von diesem Grundstück ausgehenden unzulässigen Einwirkungen kannte.[2]

Von diesen beiden Fällen abgesehen kann weder allein aus dem Umstande, daß der Kläger beim Kaufe seines Grundstückes wußte, daß dieses unter von anderen Grundstücken ausgehenden unzulässigen Einwirkungen zu leiden habe,[3] noch allein daraus ein Verzicht auf den Beseitigungsanspruch gefolgert werden, daß der Kläger die Errichtung einer Anlage auf dem Nachbargrundstücke ruhig duldet, von der er voraussah oder voraussehen mußte, daß sie einst in unzulässiger Weise auf sein Grundstück einwirken werde.[4] Durfte er doch annehmen, daß der Nachbar Vorkehrungen treffen würde, die die Einwirkungen beseitigten oder herabminderten.

Unbeachtlich gegenüber der Eigentumsstörungsklage ist die Einrede der Verjährung.[5] Der Beseitigungsanspruch bleibt dem Berechtigten auch dann bestehen, wenn die Einwirkungen schon

---

[1] Biermann 104, Planck 174, Staudinger-Kober 127, Goldmann-Lilienthal 38 A. 39, Stobbe-Lehmann 356, Neumann 638, Turnau-Förster 286 A. 8, Kniep 439, Dernburg, BR. 244. — RG. 22. 4. 90 III 18. 90 in JW. 90 S. 182 n. 19; RG. 27. 4. 92 V 362. 91 in RG. Bd. 29 n. 29 S. 268, 272 = JW. 92 S. 343 n. 35; RG. 7. 3. 03 V 448. 02 in Seuff. A. Bd. 58 n. 142 S. 271 = Recht 03 S. 161 n. 1986.

[2] Biermann 104; RG. 14. 2. 95 VI 354. 94 in JW. 95 S. 172 n. 35 = Bolze Bd. 20 n. 70; RG. 22. 5. 95 VI 58. 95 in Bolze Bd. 20 n. 74.

[3] RG. 6. 7. 04 V 30. 04 in JW. 04 S. 488 n. 12 = Recht 04 S. 576 n. 2489.

[4] Biermann 104, Staudinger-Kober 127, Fischer-Henle 484.

[5] Kretzschmar 28, Turnau-Förster 284, Endemann 476 A. 58. — RG. 26. 4. 86 V 19. 86 in Gruch. Bd. 32 S. 945 n. 59; RG. 2. 4. 87 V 18. 87 in JW. 87 S. 276 n. 25. A. A. Biermann 104, Enneccerus-Lehmann 147, Goldmann-Lilienthal 39 A. 45.

seit einer Reihe von Jahrzehnten stattgefunden haben und noch stattfinden. Das Gesetz widerspricht dem nicht, wenn es unterläßt, im § 924 den § 906 zu zitieren. Die Aufnahme des § 906 in den § 924 wäre sogar unrichtig. Denn in allen dort angeführten Gesetzesbestimmungen handelt es sich um selbständige auf dem Nachbarrechte beruhende Ansprüche. Unser Beseitigungsanspruch aber ist ein lediglich auf dem Eigentumsrecht, also auf § 903 beruhender und durch § 906 nur eingeschränkter Anspruch, der bereits nach § 902 der Verjährung entzogen ist.

Dahingegen kann sich der Beklagte auf die sog. Tabularersitzung des § 900 Abs. 2 BGB. berufen. Ist also unrichtigerweise auf dem Grundbuchblatte des leidenden Grundstückes eine Grunddienstbarkeit des Inhaltes eingetragen, daß dessen jeweiligem Eigentümer das Verbietungsrecht gegen gewisse von dem Nachbargrundstück ausgehende, unzulässige Einwirkungen genommen sein soll, so ist der Beseitigungsanspruch des beeinträchtigten Eigentümers als unbegründet zurückzuweisen, wenn der einwirkende Grundstückseigentümer selbst oder er und seine Rechtsvorgänger zusammen[1] dreißig Jahre lang als Grunddienstbarkeitsberechtigte eingetragen waren und auch während dieser Zeit in der gleichen, an sich unzulässigen Weise in die Rechtssphäre des Klägers eingewirkt haben. Denn dann hat der Beklagte die Grunddienstbarkeit tatsächlich erlangt.

Wird der Beseitigungsanspruch aus verbietbaren Einwirkungen des § 906 nicht mit der Eigentumsstörungsklage, wie bisher angenommen worden war, sondern mit der Besitzstörungsklage geltend gemacht, so kann der Beklagte zunächst einwenden, daß die Einwirkungen und die durch sie erfolgenden Störungen nicht verbotene Eigenmacht im Sinne des § 858 Abs. 1 BGB. seien, daß sie also mit ausdrücklicher oder stillschweigender Zustimmung des Besitzers erfolgten, oder daß sie ausnahmsweise gesetzlich gestattet seien. Zur Begründung dieser seiner Behauptung kann sich der Beklagte auch auf ein ihm angeblich zustehendes Recht zur Vornahme der störenden Einwirkungen berufen. Im übrigen aber ist, damit durch die Verteidigung des Beklagten nichts dem Be-

[1] §§ 900 Abs. 2, Abs. 1 Satz 2, 943 BGB.

sitzstreite Fremdes in diesen hineingetragen werde, die Berufung des Beklagten auf ein solches Recht bedeutungslos (§ 863 BGB.).

Ausgeschlossen ist der possessorische Beseitigungsanspruch des § 862 BGB. dann, wenn der Besitzer dem Störer oder dessen Rechtsvorgänger gegenüber fehlerhaft besitzt, und der Besitz in dem letzten Jahre vor der Störung erlangt ist (§ 862 Abs. 2).[1] Diese Ausschließung des Anspruches ist, wofern ihre Voraussetzungen bereits aus dem Vorbringen des Klägers erhellen, von Amts wegen zu berücksichtigen. Es ergibt sich dies aus der Fassung der Gesetzesworte: „Der Anspruch ist ausgeschlossen".[2]

Der possessorische Beseitigungsanspruch erlischt nach § 864 Abs. 1 BGB. mit dem Ablauf eines Jahres nach Vornahme der verbietbaren Einwirkungen, „wenn nicht vorher der Anspruch im Wege der Klage geltend gemacht wird". Diese einjährige Frist ist eine Präklusivfrist, deren Ablauf im Gegensatze zur Verjährungsfrist ein von Amts wegen zu berücksichtigendes Erlöschen des Anspruches herbeiführt und nicht nur eine Einrede des Beklagten schafft.

Weiterhin erlischt der Anspruch nach Abs. 2 des § 864 dann, wenn nach der Vornahme der unzulässigen Einwirkungen durch rechtskräftiges Urteil festgestellt wird, daß dem Störer ein Recht an dem Grundstücke zusteht, vermöge dessen er die Herstellung eines Besitzstandes verlangen kann, der dem durch die Einwirkungen hervorgebrachten Zustand entspricht.[3]

Sowohl bei Erhebung der Eigentums- wie bei Erhebung der Besitzstörungsklage ist unbeachtlich der Einwand des Beklagten, der Kläger habe sich die Einwirkungen selbst zuzuschreiben, da er sie durch geeignete Maßnahmen hätte abwenden können. Eine derartige Verpflichtung des Eigentümers oder Besitzers des leidenden Grundstückes ist keinesfalls anzuerkennen.[4]

---

[1] Vgl. Beispiele bei Strohal 136/7.

[2] Strohal 135, 129, 130 A. 118 m. L., vgl. oben § 9 S. 37.

[3] Beispiel in Strohal 120.

[4] Staudinger-Kober 128, Meisner 76, Turnau-Förster 287 Z. 9. RG. 14. 4. 88 in Gruch. Bd. 32 S. 935; RG. 27. 11. 90 in Bolze Bd. 33 n. 67 = Scherer III 165; RG. 21. 5. 98 V 97. 98 in JW. 98 S. 447 n. 39.

Unwesentlich ist schließlich auch der Einwand des Beklagten, daß die die unzulässigen Einwirkungen hervorbringende Anlage — z. B. eine größere Gastwirtschaft — von der zuständigen Verwaltungsbehörde genehmigt worden sei. Solche polizeiliche Genehmigungen lassen die privatrechtlichen Ansprüche an sich unberührt, und es haben die Nachbarn, die es unterlassen haben, gegen die Erteilung der Genehmigung Einspruch zu erheben, oder die mit ihrem Einspruche von der Verwaltungsbehörde abgewiesen worden sind, dadurch noch nicht ihr Verbietungsrecht gegen die von der konzessionierten Anlage ausgehenden Einwirkungen verloren.[1]

Eine Ausnahme hiervon enthält der § 26 GewO., der zwar nicht einen völligen Ausschluß, wohl aber eine Beschränkung der privatrechtlichen Ansprüche gegenüber gesetzlich bestimmten, polizeilich genehmigten, aber in unzulässiger Weise auf die Nachbargrundstücke einwirkenden gewerblichen Anlagen herbeiführt. Näheres vgl. unten § 17 S. 71 ff.

Eine weitere Ausnahme hiervon besteht für den Fall, daß der einwirkende Betrieb kraft Gesetzes von der Landespolizeibehörde zu genehmigen und auch genehmigt ist. In diesem Falle ist gegenüber den Einwirkungen, die von einem solchen Betrieb ausgehen, der Rechtsweg ausgeschlossen. Hierüber vgl. unten S. 87.

§ 14.

7. Die Beweislast.

Macht der Kläger den Beseitigungsanspruch mit der Eigentumsstörungsklage geltend, so hat er sein Eigentum oder das zur Klage legitimierende dingliche Recht, die behaupteten Einwirkungen und die durch sie erfolgende Beeinträchtigung seines

---

[1] Windscheid-Kipp 764, Scherer III 97, Meisner 79 vgl. unten S. 72 A. 1. RG. 29. 4. 02 VII 37. 02 in RG. Bd. 51 n. 59 S. 247; OLG. Colmar 27. 10. 03 im Recht 03 S. 557 n. 2887; RG. 6. 7. 04 V 30. 04 wie oben S. 56 A. 3; vgl. auch RG. 25. 2. 05 V 387. 04 im Recht 05 S. 194 n. 846 u. ebd. S. 281 n. 1302 = JW. 05, 232.

Rechtes, bei Verfolgung des Unterlassungsanspruchs auch die Besorgnis weiterer Beeinträchtigungen zu beweisen. Denn diese Momente bilden den Klaggrund. Nicht hat der Kläger die Nichtexistenz eines Rechtes des Beklagten zu den Einwirkungen darzutun, und ebensowenig hat er die Übermäßigkeit der Einwirkungen zu beweisen. Stützt er sich doch lediglich auf das ihm nach §§ 903, 1004 BGB. grundsätzlich zustehende Verbietungsrecht hinsichtlich aller Einwirkungen in seine Rechtssphäre. Beruft sich hiergegen der Beklagte auf die Unwesentlichkeit der Beeinträchtigungen oder auf die Ortsüblichkeit der die Einwirkungen hervorbringenden Benutzung seines Grundstückes (§ 906) oder wendet er die Ausschließung des Verbietungsrechtes des Klägers auf Grund einer anderen Gesetzesbestimmung oder auf Grund irgend eines Rechtsverhältnisses ein, so hat er das Vorhandensein der eine solche Ausschließung des Verbietungsrechtes begründeten Umstände zu beweisen. Bei einer Berufung des Beklagten auf die Vorschrift des § 906 kann der Kläger replizieren, die Einwirkungen erfolgten durch eine besondere Leitung und seien daher jedenfalls unzulässig (§ 906 Satz 2). Für diese Replik aber ist er beweispflichtig.

Verfolgt der Kläger dagegen seinen vermeintlichen Beseitigungsanspruch mit der Besitzstörungsklage, so hat er zu beweisen,

1. daß er Besitzer des beeinträchtigten Grundstückes oder Grundstücksteiles ist — daß er zum Besitze berechtigt wäre, braucht er nicht darzutun —,

2. daß er durch tatsächlich erfolgende Einwirkungen in sein Machtgebiet in der Ausübung seines Besitzes gestört wird, hinsichtlich des Unterlassungsanspruches außerdem, daß weitere Störungen zu besorgen sind, und

3. daß die Einwirkungen durch verbotene Eigenmacht im Sinne des § 858 BGB. herbeigeführt werden. Zur Begründung der verbotenen Eigenmacht braucht er nur den Beweis dafür zu erbringen, daß die Störungen ohne seinen Willen erfolgen. Sache des Beklagten ist es, die Voraussetzungen einer ausnahmsweisen Gestattung der Störung durch das Gesetz darzutun. Will sich also der Beklagte auf die Vorschrift des § 906 stützen, so hat er die Erfordernisse, die § 906 für den Ausschluß des Verbie-

tungsrechtes des Klägers und damit für die Gestattung der störenden Einwirkungen aufstellt, nachzuweisen. Beruft sich der Kläger hiergegen auf die Widerrechtlichkeit der Einwirkungen infolge einer besonderen Leitung, so ist er auch hier für diese seine Replik beweispflichtig.

Die Voraussetzungen für einen Ausschluß oder für ein Erlöschen des possessorischen Beseitigungsanspruches gemäß §§ 862 Abs. 2 u. 864 BGB. hat der Beklagte darzutun.[1]

Behauptet der Beklagte, er habe die Einwirkungen während des Prozesses — mag die Eigentums- oder Besitzstörungsklage erhoben worden sein — entweder vollständig, oder soweit sie verbietbar waren, durch Vornahme irgendwelcher Einrichtungen abgestellt, und es sei nunmehr der Beseitigungsanspruch des Klägers gegenstandslos geworden, so muß er die Beseitigung der bisherigen, wie die Unmöglichkeit weiterer unzulässiger Einwirkungen beweisen.[2]

---

[1] Über die Beweislast in dem dargetanen Sinne: Mot. 266 = Mugd. 147; Denkschr. 126/7 = Mugd. 972; Prot. 8537 (VI 225) = Mugd. 581 im Gegensatz zu Prot. 3533 (III 125) = Mugd. 581. — Wie unsere Ausführungen, so auch die herrschende Lehre, vgl. insbes. Biermann 25 Z. 5 in Verb. m. 21 Z. 4b, 104, Planck 173/4, 332, Staudinger-Kober 128, Goldmann-Lilienthal 21 Z. 2, 37/8, Neumann 692, Endemann 471, Dernburg, BR. 241, Meisner 76, 72, ders., BGB. 63, Windscheid-Kipp 899, Ortloff 246, Turnau-Förster 64, 286, Männer 120; OLG. Braunschweig 22. 11. 00 in DJZ. 01 S. 464 VII 5 = Recht 01 S. 562 n. 2332; OLG. Karlsruhe 19. 12. 00 in Bad. Rpr. 01, 162 = Recht 01, S. 435 n. 1719; RG. 10. 7. 01 V 159. 01 in JW. 01, 640 = JW. 01 B. 141; OLG. Jena 26. 10. 01 im Recht 04 S. 503 n. 2106; RG. 12. 2. 02 V 383. 01 im Recht 02 S. 149 n. 673; OLG. Colmar 13. 11. 03 im Recht 03 S. 576 n. 2930; RG. 30. 3. 04 V 455. 03 in RG. Bd. 57 n. 53 S. 288.

A. A. Schlossmann in Jher. Jahrb. Bd. 45, 320 und Bunsen in Bernhöft-Binder 422, insbes. A. 2. Beide legen dem Kläger den Beweis für die wesentliche Beeinträchtigung und die Nichtortsüblichkeit der Benutzung des einwirkenden Grundstückes auf. Bunsen begründet dies damit, daß es sich in den Fällen des § 906 „um eine allgemeine Regel, nicht um einen besonderen Ausnahmefall" handele. — Über die im gemeinen Rechte viel umstrittene Frage vgl. Windscheid-Kipp 899, Vangerow 877/8, Roth-Becher 378, sämtlich m. L.

[2] Müller-Meikel 787, vgl. oben S. 53/4.

§ 15.

8. Die Zwangsvollstreckung.

Hat der Kläger ein rechtskräftiges Urteil auf Unterlassung der unzulässigen Einwirkungen erlangt, so kann er es bei einem Zuwiderhandeln gegen seinen Inhalt vollstrecken lassen.

Die Vollstreckung hat nun aber nicht, wie man aus dem Wortlaute des Urteilstenors schließen könnte, ohne weiteres auf Grund des § 890 ZPO. zu erfolgen. Die Anwendung des § 890 ZPO. setzt vielmehr voraus, daß der Urteilssatz eine Verurteilung des Beklagten[1] zu einem lediglich passiven Verhalten, zu einem Nichtvornehmen gewisser Handlungen, einem tatsächlichen Unterlassen[2] ausspricht, und daß dementsprechend die Zuwiderhandlung gegen diese urteilsmäßige Verpflichtung gerade in einem Handeln, dem verbotenen Handeln, liegt. Diese Voraussetzungen sind in unseren Einwirkungsfällen in der Regel nicht gegeben. Das auf die Unterlassung der unzulässigen Einwirkungen gerichtete Urteil legt dem Beklagten in den meisten Fällen nicht direkt ein solches Unterlassen im Sinne des § 890 ZPO. auf. Es fordert vielmehr allgemein das Schaffen eines von verbietbaren Einwirkungen freien Zustandes und überläßt es dem Beklagten, zu bestimmen, ob er dieser ihm auferlegten Verpflichtung durch Vornahme irgendwelcher positiver Handlungen, — wie durch Anlegung abhelfender Schutzmaßregeln, durch örtliche Veränderung der Anlage und dergl. —, oder ob er ihr durch Einstellung des Betriebes, durch Unterlassung gewisser Handlungen nachkommen will. Es erstreckt sich also zwar der Urteilssatz mittelbar sowohl auf die Vornahme, wie auf die Unterlassung gewisser Handlungen. Er spricht aber die zur Anwendung des § 890 ZPO. erforderliche direkte Unterlassungspflicht im Sinne dieses Paragraphen nicht unmittelbar aus.

---

[1] Der Einfachheit halber wollen wir auch bei der Besprechung des Zwangsvollstreckungsverfahrens noch vom Kläger und Beklagten, und nicht mit dem Gesetze vom Gläubiger und Schuldner sprechen.

[2] Seuff., ZPO. 973 Z. 1, Gaupp-Stein II 704; RG. 8. 5. 97 V 68. 97 in JW. 97 S. 306 n. 17.

Auch für den Fall, daß der Beklagte, der während des Prozesses die unzulässigen Einwirkungen abgestellt hat, wegen der bestehenden Besorgnis weiterer Beeinträchtigungen zur Unterlassung künftiger Einwirkungen verurteilt worden ist, hat die Vollstreckung nicht ohne weiteres nach § 890 ZPO. zu erfolgen. Denn es richtet sich hier die urteilsmäßige Verpflichtung nicht unbedingt auf ein rein passives Verhalten. War z. B. bei Erlaß des Urteiles die Besorgnis weiterer Einwirkungen darin begründet, daß die vorgenommenen Einrichtungen als unzureichend erschienen, so enthält das Urteil in diesem Falle die Verpflichtung des Beklagten, dafür Sorge zu tragen, daß die Einwirkungen nicht infolge etwaiger Untauglichkeit der getroffenen Maßnahmen wieder eintreten, und daß sie, falls sie wieder eintreten sollten, alsbald abgestellt werden. Keineswegs aber enthält das Urteil nur die Verpflichtung zu einem rein passiven Verhalten. Denn wollte man dies annehmen, so läge ja, wenn sich die Einwirkungen infolge der ungenügenden Schutzmaßregeln ohne das Zutun des Beklagten wiederholten, kein Zuwiderhandeln gegen die im Urteil ausgesprochene Verpflichtung des Beklagten vor, und es wäre eine Vollstreckung überhaupt ausgeschlossen.

Das gleiche gilt, wenn die unzulässigen Einwirkungen, zu deren Unterlassen der Beklagte verurteilt ist, nicht die Folge eines Tuns, sondern die Folge einer Unterlassung sind, z. B. wenn die Verurteilung wegen Geruchseinwirkungen erfolgte, die in einem anhaltenden Nichtreinigen einer Gosse ihre Ursache haben. Denn dann würde ja der Beklagte, wollte man die ihm auferlegte urteilsmäßige Verpflichtung in einem tatsächlichen Unterlassen finden, gerade dem Urteile konform handeln, wenn er weiterhin untätig wäre, und es stünde der Kläger den infolgedessen auch fernerhin erfolgenden Einwirkungen schutzlos gegenüber.

Einem Antrag, ein auf Unterlassen gewisser rechtswidriger Einwirkungen gerichtetes Urteil auf Grund des § 890 ZPO. zu vollstrecken, kann nach alledem nur dann ohne weiteres stattgegeben werden, wenn aus dem Urteile deutlich hervorgeht, daß dem Beklagten einzig und allein die Verpflichtung zu einem rein passiven Verhalten auferlegt werden soll. Dies ist z. B. der Fall, wenn der Besitzer eines Gartengrundstückes, der seinen Nachbar dadurch in der Benutzung seines Grundstückes erheblich beeinträchtigt, daß er seiner Gewohnheit gemäß nachts stundenlang im Garten Piston bläst, verurteilt worden ist, die hierdurch erfolgenden Lärmeinwirkungen zu unterlassen. Denn hier kann der Beklagte dem Urteile von vornherein eben nur durch das tatsächliche Unterlassen des Blasens im Garten zur Nachtzeit gerecht werden.

Soweit dagegen aus dem Urteile nicht klar zu ersehen ist, daß die Beseitigung der unzulässigen Einwirkungen allein durch ein Unterlassen im Sinne des § 890 ZPO. herbeigeführt werden kann, soweit also die Möglichkeit einer Erfüllung der urteilsmäßigen Verpflichtung auch durch ein Ergreifen positiver Maßregeln vorliegt, insoweit hat die zwangsweise Durchführung des Urteiles in erster Linie nach den Vorschriften der ZPO. über die „Zwangsvollstreckung zur Erwirkung von Handlungen" zu erfolgen.

Von diesen Vorschriften findet wiederum die Bestimmung des § 888 ZPO. Anwendung.[1] Daß die Voraussetzungen des § 888 ZPO. in unseren Fällen vorliegen, soll das Folgende ergeben.

Zur Vollstreckung eines Urteiles nach § 888 ZPO. ist erforderlich, daß der Beklagte zu einer bestimmten Handlung verurteilt worden ist, die ausschließlich von seinem Willen abhängt und von einem Dritten nicht vorgenommen werden kann. Das erste Erfordernis, die Verurteilung zu einer bestimmten Handlung, ist vorhanden. Der Kläger begehrt im Wege des Zwanges die Unterlassung bestimmter unzulässiger Einwirkungen und damit

---

[1] Das gleiche gilt, wenn die Verurteilung darauf gerichtet ist, Einrichtungen zu treffen, die geeignet sind, die Einwirkungen, soweit sie unzulässig sind, zu beseitigen. So auch Rassow in Gruch. Bd. 43 S. 681ff., Hörle 377. Dagegen für die Anwendung des § 887 ZPO.: Endemann 592 A. 29, Planck 52 Z. 4a, 331 Z. 4a, Kretzschmar 155, auch RG.-Beschl. 8. 4. 99 V 46. 99 in Gruch. Bd. 43, 681 = JW. 99 S. 304 n. 11 (gegen ihn ausdrücklich Rassow a. a. O.). — Sowohl § 888 wie § 887 kann je nach Lage des Falles angewendet werden nach Goldmann-Lilienthal 38 A. 41, Gaupp-Stein II 697, ferner nach RG.-Beschl. 13. 5. 03 V B. 108. 03 in Gruch. Bd. 47 n. 53 S. 916 = Seuff. A. Bd. 59 n. 21 S. 39 = Recht 03 S. 400 n. 2129; RG. 8. 2. 05 V B. 36. 05 wie oben S. 51 A. 3 a. E. — Turnau-Förster 64 will „in der Regel" § 887 anwenden.

die Herstellung eines von den beeinträchtigenden und verbietbaren Einwirkungen freien Zustandes, also eine durch Benennung des geforderten Erfolges genügend bestimmte Handlung.[1] Die Tatsache, daß dem Beklagten die Wahl hinsichtlich der zu diesem Erfolge führenden Wege überlassen ist, vermag die Handlung nicht zu einer „unbestimmten" zu machen.

Die zu vollstreckende Herbeiführung des geforderten Erfolges hängt aber auch ausschließlich vom Willen des Beklagten ab. Der Erfolg kann nicht erreicht, die ihn herbeiführenden Handlungen können nicht vorgenommen werden, wenn der Beklagte nicht von seinem Rechte, die einzelnen vermittelnden Handlungen zu bestimmen, Gebrauch macht. Die Abstellung der Einwirkungen erfordert also zunächst unbedingt einen Willensakt des Beklagten.

Dieser Willensakt kann nicht übergangen werden: Die Anwendung des § 264 BGB. ist ausgeschlossen, denn es ist dem Beklagten durch das Urteil nicht eine Mehrheit von Leistungen auferlegt, sondern es besteht nur eine Leistungspflicht, deren Inhalt sich eben auf Fernhaltung der unzulässigen Einwirkungen richtet, und es steht nur hinsichtlich der Mittel zur Erfüllung dieser einen Verpflichtung dem Beklagten das Wahlrecht zu. Außerdem wird auch der Kläger in den meisten Fällen gar nicht in der Lage sein, beurteilen zu können, welche Maßnahmen zur Erreichung des geforderten Erfolges notwendig und zweckdienlich sind. Sich genügend zu orientieren, wird ihm nicht ohne weiteres möglich sein; darf er doch zweifellos ohne die Erlaubnis des beklagten Eigentümers das einwirkende Grundstück nicht betreten.

Aber selbst wenn der Kläger imstande wäre, geeignete Maßregeln zur Abstellung der Einwirkungen anzugeben, so kann er sie doch nicht dem Willen des Beklagten zuwider auf dessen Grundstücke vornehmen oder von Dritten vornehmen lassen. Die zu vollstreckende Handlung ist also eine nicht vertretbare im Sinne des § 888 ZPO. Der Umstand, daß die einzelnen zur Fernhaltung der Einwirkungen erforderlichen Maßnahmen von Werkleuten vorgenommen werden können, ändert hieran nichts,

---

[1] A. A. ROCHOLL 398.

denn die Werkleute sind nur Hilfspersonen, gewissermaßen nur das Werkzeug des Beklagten.[1]

Sind nun aber nach diesen Ausführungen die Voraussetzungen für die Anwendbarkeit des § 888 ZPO. gegeben, so kann der Kläger beim Prozeßgericht erster Instanz beantragen, zu erkennen, daß der Verurteilte zur Abstellung der unzulässigen Einwirkungen durch Geldstrafen bis zum Gesamtbetrage von 1500 Mark oder durch Haft angehalten werde. Der Antrag unterliegt, wenn das Prozeßgericht ein Landgericht ist, dem Formzwang und ist durch Vorlegung des vollstreckbaren Schuldtitels, durch den Nachweis von dessen Zustellung an den Beklagten und durch die Behauptung zu begründen, daß der Beklagte in einer nach dem Urteilssatz unzulässigen Weise in das Rechtsgebiet des Klägers einwirke. Vor der Entscheidung ist der Beklagte zu hören; einer mündlichen Verhandlung also bedarf es nicht (§ 891 ZPO.). Das Gericht kann jedoch entweder sofort, oder nachdem es eine Erklärung des Beklagten abgewartet hat, durch Beschluß eine mündliche Verhandlung anordnen. Dies wird auch in den meisten unserer Fälle erforderlich sein. Gilt es doch jetzt im Zwangsvollstreckungsverfahren zunächst den Umfang der gegenwärtigen tatsächlichen Einwirkungen, wie sie den Anlaß zur Zwangsvollstreckung geben, zu bestimmen und weiterhin auf Grund des Urteilstatbestandes festzustellen, ob sich diese gegenwärtigen Einwirkungen als verbietbare im Sinne des zu vollstreckenden Urteiles erweisen.[2] Dabei ist die Frage nach der Wesentlichkeit und Ortsüblichkeit der Einwirkungen nach dem Zeitpunkte der Zwangsvollstreckung zu beantworten, und ist auch zu untersuchen, ob etwa eine Änderung in der Benutzungsart des leidenden Grundstückes, wie sie die Grundlage zu dem Urteilstatbestande bildete, und damit eine Veränderung der Bedürfnisse und der Empfindlichkeit des Grundstückes gegen die Einwirkungen eingetreten ist. Diese Feststellungen werden in der Regel schwierig sein

[1] Hörle 378, auch Wilmowski-Levy 1001 Z. 1.

[2] Aus diesem Grunde ist es so wesentlich, im Urteilssatze in genau bestimmter Weise den Umfang der Verbietbarkeit der Einwirkungen festzustellen, vgl. oben S. 52.

und werden die Vernehmung von Zeugen und Sachverständigen erfordern.

Ergibt das Vorbringen der Parteien oder die Beweisaufnahme, daß die gegenwärtigen Einwirkungen nicht unter die verbietbaren im Sinne des Urteiles fallen, oder daß überhaupt keine Einwirkungen vorhanden sind, so ist der Vollstreckungsantrag durch Beschluß zurückzuweisen.[1]

Wird dagegen festgestellt, daß tatsächlich Einwirkungen erfolgen, die nach § 906 unzulässig sind, so hat der Kläger diejenigen Maßregeln genau zu bezeichnen, deren zwangsweise Durchführung er verlangt. Dies ist insbesondere dann erforderlich, wenn der Beklagte unter Widerspruch des Klägers behauptet, alles in seinen Kräften stehende zur Beseitigung der unzulässigen Einwirkungen getan zu haben. Dem gegenüber muß der Kläger eben seinerseits die Mittel angeben, die seiner Ansicht nach bei dem gegenwärtigen Stande der Technik und Wissenschaft geeignet sind, die Einwirkungen auf ein unverbietbares Maß herabzumindern.[2] Auch muß er deren Tauglichkeit eventuell durch Zeugen oder Sachverständigengutachten nachweisen. Ergibt dann die Beweisaufnahme, daß gewisse Einrichtungen geeignet sind, den gewünschten Erfolg herbeizuführen, so ist der Beklagte anzuhalten, diese Schutzmaßregeln vorzunehmen. Trotzdem bleibt es ihm aber auch jetzt noch unbenommen, den Kläger durch völlige Beseitigung der störenden Anlage oder durch Einstellung des störenden Betriebes zu befriedigen. Ergibt die Beweisaufnahme, daß die Beseitigung der unzulässigen Einwirkungen nur durch Beseitigung der einwirkenden Anlage möglich ist, so richtet sich unter diesen Umständen der Anspruch des Klägers direkt auf Beseitigung der

---

[1] Dem Kläger bleibt es trotz dieser Abweisung unbenommen, von neuem die Zwangsvollstreckung aus demselben Urteile zu beantragen, und es kann sich der Beklagte dann nicht auf die Rechtskraft des abweisenden Beschlusses berufen. Denn es ist ihm — dem Beklagten — in dem Urteile die Verpflichtung zur dauernden Abstellung der Einwirkungen auferlegt; der Beschluß aber sagt nur, daß zur Zeit des ersten Vollstreckungsantrages unzulässige Einwirkungen nicht vorlagen. Vgl. Beschl. OLG. Marienwerder 13. 7. 04 in Seuff. A. Bd. 60 n. 46 S. 85.

[2] RG.-Beschl. 8. 2. 05 V B. 36. 05 wie oben S. 51 A. 3 a. E.

Anlage, und es ist der Beklagte in einem solchen Falle zu dieser Beseitigung anzuhalten.

Das Anhalten des Beklagten zur Vornahme von Maßregeln oder zur Beseitigung der einwirkenden Anlage erfolgt durch Geldstrafen oder Haft und ist durch Beschluß auszusprechen. Die Wahl zwischen der Festsetzung von Geld- oder Haftstrafen — es handelt sich hier übrigens nicht um eigentliche Strafen, sondern nur um gerichtliche Zwangsmittel — steht dem Gerichte zu und wird sich nach den Umständen zu richten haben. Die Geldstrafe muß in dem Beschluß in bestimmter Höhe erkannt werden. Sie ist auf weitere Anträge hin von neuem bis zum Gesamtbetrage von 1500 Mark auszuwerfen. Die Haftstrafe dagegen wird nicht in bestimmter Höhe, sondern nur schlechthin erkannt, daraufhin aber auf Betreiben des Klägers nach den Vorschriften der §§ 904 ff. ZPO. auf einmal oder wiederholt auf neuen Antrag bis zum gesetzlichen Maximum von sechs Monaten vollstreckt. Der Beklagte hat gegen den Beschluß nach § 793 ZPO. das Rechtsmittel der sofortigen Beschwerde und kann, wenn er gegen den Anspruch selbst noch Einwendungen erheben will, die Klage aus § 767 ZPO. anstrengen.

Hat nun aber die Beweisaufnahme zu dem Ergebnis geführt, daß geeignete Maßnahmen, die die Einwirkungen beseitigen oder unverbietbar machen, unmöglich oder nicht ausreichend sind, und daß die Abstellung der unzulässigen Einwirkungen einzig und allein durch tatsächliches Nichtvornehmen der die Einwirkungen hervorbringenden Handlungen herbeigeführt werden kann, so richtet sich nunmehr der bisher allgemeine Beseitigungsanspruch des Klägers, und dementsprechend auch die urteilsmäßige Verpflichtung des Beklagten, auf dieses ganz bestimmte Unterlassen, und es ist der Kläger jetzt hinsichtlich dieses seines Anspruches auf die Vollstreckung nach § 890 ZPO. zu verweisen.

In einem solchen Falle, wie in allen den Fällen, in denen sich die Anwendbarkeit des § 890 ZPO. ohne weiteres aus dem Urteile von selbst ergibt, muß der Kläger zunächst, soweit nicht schon das Urteil eine Strafandrohung gegen den Beklagten enthält, durch Antrag bei dem Prozeßgericht erster Instanz einen eine solche Strafandrohung aussprechenden Beschluß erwirken. Es genügt eine einmalige allgemeine Strafandrohung ohne Festsetzung einer bestimmten Strafe. Handelt dann der Beklagte nach Zustellung dieses Beschlusses der in ihm oder in dem Urteil ausgesprochenen Verpflichtung zuwider, so kann der Kläger bei demselben Gericht unter Anführung von Tatsachen und Beweismitteln die Strafverurteilung des Beklagten wegen einer jeden Zuwiderhandlung beantragen. Auch hier ist der Beklagte vor der Entscheidung zu hören, und es kann und wird auch hier in den meisten Fällen eine mündliche Verhandlung zur Feststellung der Frage angeordnet werden, ob die tatsächlichen Einwirkungen unter die verbotenen im Sinne des Urteiles fallen (§ 891 ZPO.). Steht fest, daß der Beklagte in unzulässiger Weise einwirkt, also die verbotenen Handlungen vornimmt, so hat ihn das Gericht durch Beschluß zu einer der Beschaffenheit der Zuwiderhandlungen entsprechenden, bestimmten Geld- oder Haftstrafe zu verurteilen. Die Geldstrafe darf 1500 Mark, die Haftstrafe die Dauer von sechs Monaten nicht übersteigen. Begeht der Beklagte nach erfolgter Strafverurteilung eine neue Zuwiderhandlung, so kann der Kläger eine neue Verurteilung des Beklagten herbeiführen. Es darf jedoch die Summe der einzeln erkannten Haftstrafen die Dauer von zwei Jahren nicht übersteigen (§ 890 Abs. 1 Satz 2 ZPO.). Die Vollstreckung erfolgt auch hier nach den §§ 904 ff. ZPO. Sie wird jedoch von Amts wegen betrieben.

Schließlich kann der Beklagte bei einer Zwangsvollstreckung nach § 890 ZPO. noch auf Antrag des Klägers durch Beschluß zur Bestellung einer Sicherheit für den durch fernere Zuwiderhandlungen entstehenden Schaden auf bestimmte Zeit verurteilt werden (§ 890 Abs. 3 ZPO.).

Gegen die Beschlüsse des Gerichtes steht auch hier dem Beklagten das Rechtsmittel der sofortigen Beschwerde (§ 793 ZPO.) und die Möglichkeit zu, irgendwelche weitere Einwendungen gegen den Beseitigungsanspruch durch Erhebung einer Klage nach § 767 ZPO. geltend zu machen.

Die Verwandlung einer anerkannten Geldstrafe in eine Haftstrafe nach den §§ 28 ff. des Strafgesetzbuches ist weder bei einer Vollstreckung nach § 890 ZPO., noch bei einer solchen nach § 888 ZPO. zulässig.

§ 16.

9. Die Zuständigkeit des Prozeßgerichtes.

Für die Störungsklagen wegen der Einwirkungen des § 906 ist in § 24 ZPO. ein ausschließlicher Gerichtsstand, der sog. Gerichtsstand der belegenen Sache, bestimmt, und zwar ist für die Begründung dieses Gerichtsstandes die Lage des Grundstückes entscheidend, das der Kläger gegen die behaupteten, unzulässigen Einwirkungen schützen will.[1]

Ist dieses leidende Grundstück in den Bezirken verschiedener Gerichte gelegen oder ist die Zuständigkeitsfrage mit Rücksicht auf die Grenzen der Bezirke ungewiß, so erfolgt die Bestimmung des zuständigen Gerichtes gemäß §§ 36 Z. 4 u. 2, 37 ZPO. durch das im Instanzenzuge zunächst höhere Gericht.

Die sachliche Zuständigkeit hängt von dem Werte des Streitgegenstandes ab. Hat der Streitgegenstand einen Wert über 300 Mark, so ist das Landgericht, anderenfalls das Amtsgericht zuständig (§§ 70 Abs. 1, 23 Z. 1 des Gerichtsverfassungsgesetzes). Den Streitwert hat das Gericht in Gemäßheit des § 3 ZPO. nach freiem Ermessen unter Berücksichtigung der in den §§ 4 ff. enthaltenen Vorschriften festzusetzen. Er ist darnach zu bestimmen, wie hoch das Interesse des Klägers auf Beseitigung der Einwirkungen anzuschlagen ist. Die Vorschrift des § 7 ZPO. kommt allerdings hierbei nicht ohne weiteres zur Anwendung. Denn es ist für die Berechnung des Wertes des Streitgegenstandes nach § 4 ZPO. der Zeitpunkt der Klagerhebung, also der Zeitpunkt der Klagzustellung (§ 253 ZPO.), entscheidend. Aus diesem Grunde, und da auch nach § 263 Abs. 2 Z. 2 ZPO. die Zuständigkeit des Prozeßgerichtes durch eine nach der Klagerhebung erfolgende Veränderung der sie begründenden Umstände nicht berührt wird, kann der Berechnung des Streitwertes nur der Inhalt des dem Beklagten zugestellten und den Klagantrag enthaltenden Schriftsatzes zugrunde gelegt werden. Wird also allgemein wegen un-

[1] Wach, Handbuch des deutschen Zivilprozeßrechtes, 1885, Bd. I S. 439 A. 17, S. 443; Gaupp-Stein I, 72 zu 1—3; Reincke 28, Z. 2b; Meisner 286; RG. 20. 1. 94 V 329. 93 in RG. Bd. 32 n. 115 S. 416.

zulässiger Einwirkungen geklagt, ohne daß sich die behaupteten Einwirkungen in dem Schriftsatze des Klägers ausdrücklich als Ausübung einer Grunddienstbarkeit darstellen, so ist der Wert des Streitgegenstandes nach freiem Ermessen ohne Berücksichtigung des § 7 ZPO. zu bestimmen. Geht dagegen aus dem Schriftsatze des Klägers bereits deutlich hervor, daß die Freiheit des Eigentumes von einer vom Beklagten beanspruchten Grunddienstbarkeit den Streitgegenstand bildet, daß es sich also tatsächlich von vornherein um das Bestehen oder Nichtbestehen einer Grunddienstbarkeit handelt, allein in diesen Fällen kann für die Berechnung des Wertes des Streitgegenstandes § 7 ZPO. maßgebend sein.[1]

§ 17.

B. Der beschränkte Beseitigungsanspruch (§ 26 GewO.).

Der Beseitigungsanspruch, den die Einwirkungen des § 906 erzeugen, hat nicht immer den weitgehenden Inhalt, wie dieser oben S. 48 ff. dargetan worden ist. Er ist vielmehr in gewissen Fällen durch Ausnahmevorschriften beschränkt.

Die wichtigste dieser Bestimmungen ist die Vorschrift des § 26 GewO. Nach ihr kann die Störungsklage „einer mit obrigkeitlicher Genehmigung errichteten gewerblichen Anlage gegenüber niemals auf Einstellung des Gewerbebetriebes, sondern nur auf Herstellung von Einrichtungen, welche die benachteiligenden Einwirkungen ausschließen, oder, wo solche Einrichtungen untunlich oder mit einem gehörigen Betriebe des Gewerbes unvereinbar sind, auf Schadloshaltung gerichtet werden."[2]

Voraussetzung für diese Beschränkung des Beseitigungsanspruches ist,

1. daß die Einwirkungen von einer Anlage ausgehen, zu deren Errichtung nach §§ 16, 23, 24 GewO. obrigkeitliche Genehmigung erforderlich ist, und

---

[1] So auch RG. 18. 1. 81 III 657. 80 in RG. Bd. 3 n. 110 S. 390.

[2] Vgl. §§ 30 ff. des sächs. Gewerbegesetzes vom 15. 10. 1861; zu vergl. Mandry 318 ff., Gallenkamp im Sächs. A. Bd. 1, 705 ff., Hörle, insbes. 371 ff., Rocholl 379 ff.

2. daß diese Genehmigung unter Beobachtung der Vorschriften der §§ 17 ff. GewO. auch erteilt und nach § 25 h. l. wirksam ist.[1]

Nicht erforderlich ist, daß sich die Anlage bereits in ordnungsmäßigem Betriebe befindet. Es genügt vielmehr, daß überhaupt unzulässige Einwirkungen von der genehmigten Anlage ausgehen.[2]

Ist nur ein Teil eines Betriebes, z. B. allein die Anlegung der Dampfkessel (§ 24 GewO.), genehmigungspflichtig und genehmigt, so erstreckt sich die Beschränkung des § 26 GewO. nur auf diesen Teil.[3]

Ist die Genehmigung nur unter einer Bedingung erteilt, z. B. unter der Bedingung, daß der Eigentümer der Anlage bestimmte Vorkehrungen gegen die drohenden Einwirkungen trifft, und wird der Bedingung nicht entsprochen, so kann sich der störende Betriebsunternehmer nicht auf § 26 GewO. stützen.[4]

Die Vorschrift des § 26 GewO. erstreckt sich schließlich nicht auf Anlagen, deren Errichtung oder Verlegung zwar nach § 27 GewO. wegen des mit ihrem Betriebe verbundenen ungewöhnlichen Geräusches der Ortspolizeibehörde angezeigt werden muß, die jedoch einer obrigkeitlichen Genehmigung im Sinne der §§ 16—24 GewO. nicht bedürfen.

Die Beschränkung des Beseitigungsanspruches in den Fällen des § 26 GewO. ist eine doppelte.[5] Erstens kann der Beseiti-

[1] Für die Begründung des Beseitigungsanspruches ist es ebenso gleichgültig, ob der Beklagte vor der Errichtung der Anlage Einwendungen gegen sie wegen der Einwirkungen an zuständiger Stelle vorgebracht hat oder nicht, wie ob die von ihm vorgebrachten Einwirkungen Berücksichtigung gefunden haben mögen oder nicht. Hörle 374, vgl. oben S. 59.

[2] Dernburg, BR. 245, Gallenkamp im Sächs. A. Bd. 1, 729. A. A. Mandry 320/1.

[3] Hörle 372 A. 20, Endemann 475 A. 56, RG. 4. 12. 94 III 203. 94 in Seuff. A. Bd. 50 n. 200 S. 336; RG. 1. 12. 00 V 230. 00 in Gruch. Bd. 46 n. 118 S. 1099 = JW. 00 S. 895 n. 7.

[4] RG. 11. 11. 82 in Seuff. A. Bd. 38 n. 159 S. 211.

[5] Natürlich wird durch § 26 GewO. nur der auf den §§ 903, 906 in Verb. mit 1004, 862 BGB. beruhende gesetzliche Beseitigungsanspruch beschränkt. Ein privatrechtlicher, auf einem besonderen Titel beruhender

gungsanspruch niemals zur Einstellung des störenden Betriebes und damit auch niemals zur Beseitigung der beeinträchtigenden Anlage führen. Er ist also nicht mehr der allgemeine Anspruch auf Herbeiführung eines einwirkungsfreien Zustandes. Er ist vielmehr herabgesetzt zu einem Anspruch auf Vornahme von Einrichtungen, die geeignet sind, die Einwirkungen auszuschließen oder sie wenigstens unverbietbar zu machen.

Zweitens erstreckt sich dieser Anspruch auf Vornahme von Einrichtungen wiederum nur auf die Vornahme solcher Schutzmaßregeln, die tunlich und mit einem gehörigen Gewerbebetriebe des Beklagten vereinbar[1] sind.

Können derartige Maßregeln nicht getroffen werden, so fällt der Beseitigungsanspruch weg, und es tritt an seine Stelle ein Anspruch auf Schadloshaltung.[2] Vermögen die tunlichen und mit einem gehörigen Betriebe des Beklagten zu vereinbarenden Maßnahmen nur eine teilweise Beseitigung der unzulässigen Einwirkungen herbeizuführen, so erstreckt sich der Klaganspruch auf Vornahme dieser Maßnahmen und somit auf eine teilweise Beseitigung der Einwirkungen, zugleich aber auf Schadloshaltung, soweit die Beseitigung nicht erreicht werden kann.

Der Anspruch auf Schadloshaltung ist hiernach nur ein Ersatz des in Wegfall gekommenen Beseitigungsanspruches. Er kann daher keine anderen Voraussetzungen haben, als der durch ihn ersetzte Beseitigungsanspruch. Er erfordert demgemäß vor allem kein Verschulden des Beklagten.[3]

Anspruch auf Herstellung des Betriebes kann mit voller Wirkung durchgefochten werden. Vgl. Endemann 475 A. 56, Ortloff 236/7; RG. 20. 5. 85 V 403. 84 in RG. Bd. 13 n. 19 S. 52ff.

[1] Eine Einrichtung ist mit einem gehörigen Betriebe nicht vereinbar, wenn sie „das in wirtschaftlicher Beziehung vom Standpunkte des Gewerbebetreibenden aus völlig Unzweckmäßige in sich schließt". Hierzu gehört aber auch die Einrichtung, die einen unverhältnismäßigen Kostenaufwand erfordert: RG. 7. 10. 97 VI 149. 97 in JW. 97 S. 610 n. 27, auch Hörle 378. A. A. Endemann 476 A. 57.

[2] A. A. Rocholl 402. Nach ihm hat der Beklagte stets die Wahl, ob er entsprechende Einrichtungen treffen oder den Kläger entschädigen will.

[3] Vgl. oben S. 35. — Planck 174, Biermann 209, Goldmann-Lilienthal 39, Dernburg, BR. 245, Cosack 153, Meisner 273, Kretzschmar 29, 155,

Aus der Aufgabe des Schadloshaltungsanspruches, einen Ersatz für den in gewissen Fällen entzogenen Beseitigungsanspruch zu bilden, folgt weiterhin, daß der Kläger in ihm eine Entschädigung dafür haben soll, daß er gegen die an sich unzulässigen Einwirkungen nicht vorgehen kann. Er soll also nicht schlechter gestellt sein, als er stehen würde, wenn er die Beseitigung der Einwirkungen erlangen könnte. Andererseits aber liegt kein Grund vor, ihn besser zu stellen. Es erstreckt sich daher der Anspruch auf Schadloshaltung nur auf Ersatz des Minderwertes, den das beeinträchtigte Grundstück durch den völligen oder teilweisen Verlust seines Verbietungsrechtes erlitten hat. Nicht aber erstreckt er sich auf Ersatz eines etwa durch die Einwirkungen eintretenden, weiteren positiven Schadens. Ersatz eines solchen Schadens könnte der Kläger ja selbst bei Verfolgung des unbeschränkten Beseitigungsanspruches nicht ohne weiteres, sondern nur im Falle des Nachweises eines Verschuldens auf seiten des Beklagten fordern. Will also der Kläger bei Geltendmachung des beschränkten Beseitigungsanspruches einen Schaden ersetzt haben, der bereits durch die Einwirkungen überhaupt, nicht aber lediglich durch den Wegfall des Rechtes, die tatsächliche Beseitigung der Einwirkungen zu verlangen, entstanden ist, so muß er diesen Schadensersatzanspruch neben den Ansprüchen des § 26 GewO. durch den Nachweis eines Verschuldens des Beklagten selbständig begründen.[1]

Die dargetane Beschränkung des Beseitigungsanspruches wird entweder vom Beklagten einwendungsweise geltend gemacht, und es hat hierbei der Beklagte ihre Voraussetzungen zu beweisen. Oder es erhebt der Kläger gleich von vornherein den

---

Werner im Recht 04, 331. Ebenso RG. 29. 11. 00 VI 273. 00 in RG. Bd. 47 n. 21 S. 99 = JW. 01 S. 11 n. 16; RG. 11. 5. 01 V 77. 01 in Gruch. Bd. 45 S. 1016 n. 92; OLG. Breslau 30. 4. 02 in OLG. Bd. 5 S. 151 n. 31c; RG. 17. 6. 05 V 619. 04 in Seuff. A. Bd. 60 n. 218 S. 412 = JW. 05 S. 503 n. 36 = Recht 05 S. 506 n. 2054. A. A. Turnau-Förster 287.

[1] Die „Schadloshaltung" unterscheidet sich also von dem Begriffe des allgemeinen „Schadensersatzes" nach § 823 BGB. Vgl. RG. 29. 11. 00 VI 273. 00 in RG. Bd. 47 n. 21 S. 98 = JW. 01 S. 11 n. 16 u. RG. 17. 6. 05 V 619. 04 wie vorige A. a. E.

beschränkten Beseitigungsanspruch. Dann gehören die Voraussetzungen der Anspruchsbeschränkung zum Klaggrund und müssen vom Kläger bewiesen werden.

Der Klagantrag ist im letzteren Falle in erster Linie auf die Vornahme von Einrichtungen, die die unzulässigen Einwirkungen beseitigen, zu richten.[1] Den Antrag mit Rücksicht darauf, daß der Beklagte auch in den Fällen des § 26 GewO. berechtigt ist, auf die Klage hin den störenden Betrieb sofort einzustellen oder die Anlage zu beseitigen, ganz allgemein auf Unterlassen der unzulässigen Einwirkungen lauten zu lassen (so Meisner 272), ist unseres Erachtens nicht richtig, da ein solcher Antrag die Beseitigung der Anlage und die Betriebseinstellung in sich schließen, also insoweit eine Zuvielforderung enthalten würde.

Der Kläger wird jedoch gut tun, mit dem Antrage auf Vornahme entsprechender Einrichtungen in eventueller Form den Anspruch auf Schadloshaltung zu verbinden. Denn tut er dies nicht, und es erbringt der Beklagte den Beweis, daß Einrichtungen, die die unzulässigen Einwirkungen beseitigen, untunlich oder mit einem gehörigen Betriebe seines Gewerbes unvereinbar sind, so muß die Klage abgewiesen werden, obwohl dem Kläger nunmehr der Schadloshaltungsanspruch zusteht. Oder hat der Kläger zwar ein siegreiches Urteil gegen den Beklagten auf Vornahme entsprechender Einrichtungen erlangt, es stellt sich aber im Zwangsvollstreckungsverfahren heraus, daß Maßnahmen, die die unzulässigen Einwirkungen tatsächlich beseitigen würden, nicht getroffen werden können, so kann das Urteil nicht vollstreckt werden, und es wird mithin gegenstandslos.

Schließt der Kläger dagegen seinem Antrag auf Vornahme entsprechender Schutzmaßregeln eventualiter „soweit die erforderlichen Einrichtungen untunlich und mit einem gehörigen Gewerbebetriebe des Beklagten unvereinbar sind“ den Schadloshaltungs-

---

[1] Hier fällt das Bedenken, das gegen einen derartigen Antrag in den allgemeinen Fällen geltend gemacht wurde (vgl. oben S. 51) weg. Über die Allgemeinheit des Antrages vgl. oben S. 51 A. 3, insbes. RG. 16. 4. 96 VI 418. 95 in RG. Bd. 37 n. 45 S. 172 = JW. 96 S. 343 n. 57.

anspruch an, so bleiben seine Rechte aus den unzulässigen Einwirkungen voll gewahrt.

Der Urteilstenor[1] ist bei solchen Eventualanträgen je nach den Einwendungen des Beklagten und dem Ergebnisse der Beweisaufnahme verschieden: Beweist der Beklagte die Untunlichkeit entsprechender Einrichtungen oder eine durch sie erfolgende Gefährdung seines Gewerbebetriebes, so ist er lediglich zur Schadloshaltung zu verurteilen. In der Regel wird in diesen Fällen eine Verurteilung zu einer jährlichen Rente für die Dauer der Einwirkungen angezeigt sein, da auf diese Weise auch die Möglichkeit des Fortfalles der Einwirkungen Berücksichtigung findet.

Bringt dahingegen der Beklagte die genannten Einwendungen überhaupt nicht vor, oder vermag er nur nicht, sie zu beweisen, oder ergibt die Beweisaufnahme, daß die tunlichen und mit einem gehörigen Betriebe des Beklagten zu vereinbarenden Einrichtungen die unzulässigen Einwirkungen nur zum Teile zu beseitigen imstande sind, so hat der Urteilssatz entsprechend dem Antrag in eventueller Form dahin zu lauten:

> Der Beklagte wird verurteilt, Einrichtungen zu treffen, die die von seinem Grundstück ausgehenden Einwirkungen auf das Grundstück des Klägers insoweit abstellen, als sie .... wie oben S. 53 .... nicht gewöhnlich ist. Soweit die hierzu erforderlichen Einrichtungen untunlich oder mit einem gehörigen Betriebe des Beklagten unvereinbar sind, wird der Beklagte verurteilt, den Kläger schadlos zu halten.[2]

Alles weitere ist Sache des Zwangsvollstreckungsverfahrens.

Wird dann in dem Zwangsvollstreckungsverfahren festgestellt, daß verbietbare Einwirkungen vorliegen, und daß die tunlichen und mit dem gehörigen Betriebe des Beklagten zu vereinbarenden Einrichtungen diese Einwirkungen vollständig oder zum Teile

---

[1] Rocholl 402 schlägt — unseres Erachtens nicht mit Recht — vor, den Beklagten zu verurteilen, den Kläger (in bestimmter Höhe) zu entschädigen, ihm aber nachzulassen, bis zum Urteile sich zur Herstellung bestimmter Schutzvorrichtungen zu erbieten und sich dadurch vom Schadensersatze zu befreien. Über Rocholls Begründung vgl. oben S. 73 A. 2.

[2] So auch RG. 5. 11. 00 VI 240. 00 in JW. 00 S. 840 n. 6.

zu beseitigen vermögen, so erfolgt die zwangsweise Durchführung des urteilsmäßigen Anspruches auf Vornahme der Einrichtungen gemäß § 888 ZPO. (vgl. oben S. 66 ff., auch S. 64 A. 1).

Soweit dagegen nach den Feststellungen die Voraussetzungen des Anspruches auf Schadloshaltung gegeben sind, ist zunächst Art und Höhe dieses Anspruches durch Beschluß zu bestimmen, und es regelt sich dann die Vollstreckung insoweit nach den entsprechenden Vorschriften der ZPO.

Natürlich kann der Kläger auch unmittelbar den Anspruch auf Schadloshaltung geltend machen. In diesem Falle aber muß er neben der Genehmigungspflicht und der tatsächlichen, wirksamen Genehmigungserteilung der störenden Anlage auch nachweisen, daß die Vornahme von Maßregeln, die geeignet wären, die verbietbaren Einwirkungen zu beseitigen, völlig untunlich oder mit einem gehörigen Betriebe des Beklagten nicht vereinbar ist.[1]

Der gegen Einwirkungen des § 906 begründete Beseitigungsanspruch ist übrigens, von den Fällen des § 26 GewO. abgesehen, noch dann in der dargetanen Weise beschränkt, wenn die Einwirkungen von einer Eisenbahn-, Dampfschiffahrts- oder einer ähnlichen Verkehrsunternehmung ausgehen und die Landesgesetze die Erstreckung der Vorschrift des § 26 GewO. auf diese Unternehmungen ausdrücklich aussprechen (a. 125 EG. BGB.). Eine solche landesgesetzliche Bestimmung enthalten die Ausführungsgesetze zum BGB. von Bayern a. 80, Sachsen § 28, Württemberg a. 218, Hessen a. 92, Mecklenburg-Schwerin § 106, Mecklenburg-Strelitz § 104, Braunschweig § 46, Anhalt a. 44, Sachsen-Weimar § 118, Sachsen-Meiningen a. 16, Sachsen-Altenburg § 73, Sachsen-Coburg-Gotha a. 25, Schwarzburg-Sondershausen a. 35, Schwarzburg-Rudolstadt a. 74, Reuß ä. L. § 105, Reuß j. L. § 73, und von Lübeck § 72, letzteres jedoch nur hinsichtlich der Eisenbahnen, der Dampfschiffahrts- und ähnlicher „Schiffahrtsunternehmungen" (vgl. NIEDNER, Das Einführungsgesetz vom 18. 8. 96, 2. Aufl., Berlin 1901, Carl Heymann; zu a. 125 S. 124).

---

[1] HÖRLE 379, MEISNER 275.

§ 18.

C. Der Schadensersatzanspruch.

Der Beseitigungsanspruch des beeinträchtigten Grundstückseigentümers aus unzulässigen Einwirkungen des § 906 erstreckt sich, wie oben S. 49 ausgeführt wurde, nicht auf den Ersatz des durch die Einwirkungen entstandenen positiven Schadens. Wohl aber vermögen die unzulässigen Einwirkungen unter Umständen einen selbständigen Schadensersatzanspruch mit selbständigen Voraussetzungen und selbständiger Geltendmachung im Prozesse zu erzeugen.[1]

Begründet wird dieser Schadensersatzanspruch im allgemeinen, von Sonderbestimmungen abgesehen, aus dem Gesichtspunkte der unerlaubten Handlungen (§§ 823 ff. BGB.). Er setzt mithin neben dem Eintritt eines durch die verbietbaren Einwirkungen herbeigeführten positiven Schadens des Beklagten ein Verschulden auf seiten des Einwirkenden voraus.[2] Das Verschulden kann in Vorsatz oder Fahrlässigkeit bestehen. Es braucht nicht auf den konkreten Schaden, sondern nur auf die Eigentumsverletzung gerichtet zu sein.[3] Es genügt also, wenn der Einwirkende wußte oder bei Anwendung der im Verkehr erforderlichen Sorgfalt erkennen konnte, daß er infolge einer nicht ortsüblichen Benutzung seines Grundstückes auf das Grundstück des Klägers

[1] Näheres Hörle 378ff., auch Fuld im Sächs. A. Bd. 12 S. 257—265.

[2] So die gemeinrechtl. Praxis, wie auch die heute herrschende Lehre. A. A. nur OLG. Cöln 10. 6. 03 in OLG. Bd. 7 S. 30 = Recht 03 S. 456 n. 2351 u. S. 551 n. 2788. Hiergegen ausdrücklich Werner im Recht 04, 330/1. — Das sächs. Recht vor 1900 erstreckte die Negatoria zugleich auf den Ersatz eines etwaigen Schadens (oben S. 49 A. 6), ohne das Erfordernis eines Verschuldens auf seiten des Beklagten aufzustellen. Auch der Plenarbeschluß des vorm. Preuß. ObTrib. vom 7. 6. 52 in Strieth. A. Bd. 5 S. 282 n. 52 = Koch 393 erforderte zur Begründung der Schadensersatzklage kein Verschulden. Dieser Grundsatz wurde jedoch später durch Urteile desselben Gerichtshofes dahin eingeschränkt, daß ein Schaden nur dann verlangt werden könnte, wenn er sich als voraussehbar darstellte. Vgl. Strieth. A. Bd. 68 S. 189, Bd. 95 S. 1; vgl. auch Rocholl 385ff.

[3] Meisner 290, Hörle 380.

einwirke und dadurch eine wesentliche Beeinträchtigung des leidenden Grundstückes herbeiführe. Strömen z. B. von einer Fabrik giftige Dämpfe aus und schädigen sie die Anpflanzungen in dem das benachbarte Wohnhaus umgebenden Hausgarten, so genügt es zur Begründung der Schadensersatzpflicht, wenn der Fabrikbesitzer zwar nicht gerade die Beschädigung der Anpflanzungen als Folge seiner unzulässigen Einwirkungen, wohl aber eine wesentliche Beeinträchtigung der Bewohnbarkeit des Hauses im allgemeinen voraussehen konnte.

Weiterhin erfordert das Vorliegen eines Verschuldens, daß der Beklagte in der Lage war, die Einwirkungen zu unterlassen. Ein Verschulden fehlt also dann, wenn die Einwirkungen nach dem Stande der Wissenschaft und Technik in keiner Weise verhütet werden konnten und die Einstellung des störenden Betriebes aus allgemeinen Rücksichten für ausgeschlossen zu gelten hat. Dies letztere ist anzunehmen, wenn — und hierüber entscheidet richterliches Ermessen — das Interesse an der Vornahme der die unzulässigen Einwirkungen herbeiführenden Handlungen größer ist, als das rechtliche Interesse an der Beseitigung der Gefahr einer eventuellen Verletzung fremden Eigentumes oder Besitzes, wenn sich also aus diesem Grunde die Aufrechterhaltung des Betriebes rechtfertigen läßt. Daher stelle z. B., so sagt das Reichsgericht[1] mit Recht, der Betrieb einer Eisenbahn nicht notwendig eine schuldhafte Handlung dar, weil der Unternehmer erkenne oder erkennen könne, daß die der Lokomotive entströmenden Funken einen Brand herbeizuführen vermöchten. Denn alle Verschuldung beruhe ihrem letzten Grunde nach auf einem Willensfehler dahin, daß der Täter freiwillig eine schädigende Handlung vorgenommen habe, obwohl er bei Anwendung der im Verkehr erforderlichen Sorgfalt und Vorsicht den eintretenden Erfolg als eine mögliche Folge seiner Handlungen habe voraussehen können. Der Täter müsse daher in der Lage gewesen sein, die schädigenden Handlungen zu unterlassen oder vorzunehmen. Aber nach den Gründen, die den Staat zur Ge-

[1] RG. 7. 12. 86 III 187. 86 in RG. Bd. 17 n. 24 S. 103ff. = JW. 87 S. 45 n. 37 = Seuff. A. Bd. 43 S. 147 n. 98.

nehmigung einer Eisenbahn oder zum eigenen Betriebe einer solchen veranlasse, könne der Betrieb einer solchen nie als ein derartiger willkürlicher Akt aufgefaßt werden. Es müsse daher von der Annahme einer Verschuldung im technischen Sinne abgesehen werden, wenn durch die dem Betrieb eigenen besonderen Gefahren ein Schaden entstehe, den der Betriebsunternehmer als mögliche Folge des Betriebes und jener Gefahren voraussehen konnte.

Dies gilt aber nicht nur für Eisenbahnen, sondern für alle Betriebe, die trotz ihrer Gefahren für die Nachbargrundstücke wirtschaftlich notwendig sind, wie z. B. Pulverfabriken u. dergl.[1]

Ist aus unzulässigen Einwirkungen im Sinne des § 906 ein Schadensersatz selbständig begründet, so steht er dem Eigentümer des leidenden Grundstückes, wie dem dinglichen Berechtigten nach § 823 Abs. 1 BGB., aber auch dem Besitzer nach § 823 Abs. 2 in Verb. m. § 858 BGB.[2] — der Besitz ist kein Recht — zu, und zwar ist er ebenso wie der Beseitigungsanspruch gegen denjenigen zu richten, der die Einwirkungen verursacht hat und noch verursacht, den Störer.

Für die Voraussetzungen des Schadensersatzanspruches ist der Kläger beweispflichtig. Er hat also die tatsächlichen Einwirkungen, den durch sie entstandenen Schaden und das Verschulden des Beklagten darzutun.

Der Beklagte kann dann, sei es auf Grund des § 906, sei es unter Berufung auf irgend ein ihm angeblich zustehendes Recht einwenden — und insoweit hat er den Beweis zu erbringen —, daß die Einwirkungen nicht rechtswidrig seien. Außerdem kann er sich darauf berufen, daß bei Entstehung des Schadens ein Verschulden des Klägers mitgewirkt habe. Auch für dieses sein

---

[1] So auch Meisner 291.

[2] Nach RG. 28. 12. 04 V 272. 04 in RG. Bd. 59 n. 89 S. 328 kann die Schadensersatzpflicht gegenüber dem Besitzer sowohl aus den angeführten Paragraphen, wie auch aus § 823 Abs. 1 BGB. hergeleitet werden. Im letzteren Falle, so führt das RG. aus, gehöre das infolge der Besitzeinräumung von jedermann zu achtende Recht des Mieters auf ungestörte Benutzung der Mietsache zu den absoluten Rechten, von denen § 823 Abs. 1 handele.

Vorbringen ist er beweispflichtig, und es haben beim Gelingen dieses Beweises die Vorschriften des § 254 BGB. Anwendung zu finden.

Der Beweis eines Verschuldens des Beklagten ist insofern erleichtert, als er für erbracht anzusehen ist, wenn der Kläger einen Einwirkungsvorgang nachweist, der an sich die Folgerung auf das Vorhandensein eines Verschuldens rechtfertigt. In einem solchen Falle bleibt es dem Beklagten unbenommen, besondere Umstände geltend zu machen und nachzuweisen, aus denen seine Schuldlosigkeit hervorgeht. Daraus jedoch, daß die Anlage des Beklagten objektiv das Recht des Klägers verletzt, kann ohne weiteres ein Verschulden des Beklagten nicht hergeleitet werden.[1]

Der Inhalt und Umfang des Schadensersatzanspruches bestimmt sich nach §§ 249ff. BGB., insbesondere kann der Kläger hier im Gegensatze zum Beseitigungsanspruch im Falle der Unmöglichkeit der Wiederherstellung des früheren Zustandes vom Beklagten eine Entschädigung in Geld fordern, und es kann sich der Beklagte durch freiwillige Entschädigung des Klägers in Geld von seiner Schadensersatzpflicht befreien, wenn die Wiederherstellung mit unverhältnismäßig hohen Kosten verbunden ist (§ 251 BGB.).

Aus der Verschiedenheit der Voraussetzungen des Beseitigungs- und des Schadensersatzanspruches ergibt sich, daß der erstere — wie z. B. beim Fehlen eines Verschuldens des Beklagten — begründet sein kann, während es der zweite nicht ist, oder daß die Erfordernisse des zweiten gegeben sind, während die des ersteren fehlen. Dies letztere ist z. B. dann der Fall, wenn die unzulässigen Einwirkungen zwar einen Schaden verursacht haben, die Anlage aber, die die Einwirkungen hervorgebracht hat, noch vor Klagerhebung vollständig beseitigt worden ist.

Will der Kläger die Schadensersatzklage gleichzeitig mit der Störungsklage geltend machen, so kann er nach § 260 ZPO.

---

[1] RG. 29. 3. 82 I 705. 81 in RG. Bd. 6 n. 61 S. 22 = Seuff. A. Bd. 38 n. 9 S. 14, vgl. OLG. Rostock 13. 12. 03 in OLG. Bd. 9 S. 36 n. 4a, zu vergl. Dernburg, BR. 245 Z. 13.

beide Klagen miteinander verbinden,[1] denn für die Schadensersatzklage ist nach § 32 ZPO. ebenfalls dasjenige Gericht zuständig, in dessen Bezirk das leidende Grundstück liegt. Treten doch erst auf dem leidenden Grundstücke die Tatbestandsmomente der unerlaubten Handlungen, die verbotenen Einwirkungen, in die Erscheinung.[2]

§ 19.

V. Der Anspruch gegenüber erst drohenden Einwirkungen (§ 907 BGB.).[3]

Alle die bisher besprochenen Ansprüche setzen voraus, daß tatsächlich unzulässige Einwirkungen in fremdes Rechtsgebiet erfolgen. Das Gesetz gewährt jedoch auch gegen nur drohende Einwirkungen des § 906 einen Rechtsschutz und zwar in dem vorbeugenden Anspruche des § 907 BGB.

Zur Begründung dieses Anspruches ist erforderlich, daß auf einem Grundstück eine Anlage hergestellt oder gehalten wird,[4] von der zwar zunächst noch keine Einwirkungen ausgehen, von der aber mit Sicherheit vorauszusehen ist, daß ihr Bestand oder ihre Benutzung unzulässige Einwirkungen auf die Nachbargrundstücke[5] zur Folge haben wird (§ 907).[6]

Der Begriff der „Anlagen" im Sinne des § 907 ist ein sehr weitgehender.[7] Es gehören hierher nicht nur solche Anlagen, die

---

[1] Biermann 209, Kuhlenbeck, BGB. 140 A. 6, Meisner, BGB. 15, Eck 182 A. 1, Hörle 390, Roth-Becher 377 m. L., Leske 443, Rehbein 808, Fuld im Sächs. A. Bd. 12 S. 263; OLG. Darmstadt 11. 3. 04 im Recht 04 S. 576 n. 2493.

[2] Gaupp-Stein I S. 91 IV.

[3] Der Ersatz der gemeinrechtlichen operis nuntiatio.

[4] Im letzteren Falle ist nicht erforderlich, daß der Berechtigte der Errichtung widersprochen hat. So auch Staudinger-Kober 130.

[5] Hier ist unmittelbares Aneinandergrenzen der Grundstücke erforderlich. Goldmann-Lilienthal 41.

[6] E. I § 864, II § 821; Prot. 3600 (III 157) ff. = Mugd. 601 ff.; Mot. 293 ff. = Mugd. 162/3; Denkschr. 127 = Mugd. 972/3; KB. 5—6 = Mugd. 998.

[7] Nach Goldmann-Lilienthal 41 ist eine Anlage jedes „Werk von gewisser Selbständigkeit". Treffend bezeichnet Endemann 478 A. 7 eine An-

lediglich durch menschliche Tätigkeit funktionieren, deren „Benutzung" also erst die Einwirkungen zu erzeugen droht, sondern auch solche Anlagen, die schon durch ihren „Bestand" ohne das Hinzutreten besonderer menschlicher Tätigkeit in unzulässiger Weise auf die Nachbargrundstücke einzuwirken imstande sind (Mot. 295 = MUGD. 163). Hiernach gehören vor allem zu den Anlagen des § 907 Maschinen, alle gewerblichen Veranstaltungen, Backöfen, Schlachthäuser, auch Gruben, insbesondere Düngergruben, Aborte, Teiche, Gräben, elektrische Leitungen, Schweineställe, Bienenkörbe, Taubenschläge und dergl.

Von einer derartigen Anlage muß „mit Sicherheit vorauszusehen" sein, daß sie künftig unzulässige Einwirkungen hervorbringen wird. Die bloße Möglichkeit des Eintrittes solcher Einwirkungen und eine hierdurch entstehende mehr oder minder berechtigte Besorgnis vermag den Anspruch nicht zu begründen. Ebensowenig genügen vereinzelte frühere Vorkommnisse, die nicht in zuverlässiger Weise darauf schließen lassen, daß sich ähnliches künftig notwendig oder höchstwahrscheinlich wiederholen werde.[1] „Mit Sicherheit" sind Einwirkungen nur dann vorauszusehen, wenn sie Folge eines ordnungsmäßigen Zustandes oder einer ordnungsmäßigen Benutzung der Anlage sind. Verlangt doch das Gesetz in § 907 einen ursächlichen Zusammenhang zwischen den drohenden Einwirkungen und dem Bestande der Anlage als solchem oder deren Benutzung als solcher. Drohen also die Einwirkungen nur infolge eines Mangels der Anlage, mit dessen Beseitigung auch die Gefahr der Einwirkungen beseitigt sein würde, so versagt der Schutz des § 907, und es kann lediglich auf Grund der §§ 1004, 862 Beseitigung einer eingetretenen Beeinträchtigung gefordert werden.[2]

---

lage als „eine durch menschliche Tätigkeit geschaffene Einrichtung auf dem eigenen Grundstücke, von der eine schädigende Zuführung auf das Nachbargrundstück und zwar durch physikalische Einwirkungen ausgeübt wird", oder — möchten wir hinzufügen — ausgeübt werden kann.

[1] RG. 30. 3. 04 V 455. 03 im Recht 04 S. 282 n. 1281.

[2] PLANCK 175, KUHLENBECK, BGB. 73; OLG. Marienwerder 14. 11. 01 in OLG. Bd. 4 S. 59 n. 21a = Recht 02 S. 102 n. 456.

Der Anspruch des § 907, der nach § 924 BGB. unverjährbar ist, richtet sich auf Unterlassung der Herstellung der Anlage, oder wenn diese schon hergestellt ist, auf Beseitigung der Anlage. Mit der bloßen Unterlassung der Benutzung der bestehenden Anlage ist der Anspruch nicht befriedigt. Auf eine Entschädigung für eine eventuelle Wertminderung erstreckt sich der Anspruch des § 907 nicht. Ein solcher Entschädigungsanspruch kann nur mit Erfolg geltend gemacht werden, wenn er selbständig, z. B. durch Verschulden des betreffenden Nachbars oder aus dem Gesichtspunkte der Enteignung, gerechtfertigt ist. Wird z. B. dem gefährdeten Eigentümer auf Grund der Bestimmung des § 26 GewO. — denn diese Bestimmung findet auch hier Anwendung[1] — das ihm nach § 907 zustehende Recht auf Beseitigung der Anlage zugunsten des Nachbars entzogen, so wird sich als Ersatz hierfür unter den Voraussetzungen des § 907 ein Anspruch auf Schadloshaltung gegen diesen Nachbar begründen lassen.[2] Ein weiterer Ersatz für den ausgeschlossenen Beseitigungsanspruch liegt übrigens in dem Rechte, nach § 17 Abs. 2 GewO. binnen einer Ausschlußfrist von 14 Tagen nach Bekanntmachung des beantragten Unternehmens vorbeugende Einwendungen gegen die Errichtung der Anlage anzubringen.

Zu einem wirksamen Schutze des Anspruches aus § 907 kann übrigens eine einstweilige Verfügung in der Form eines Verbotes der Fortsetzung der Errichtung der Anlage beantragt und erlassen werden.[3]

Anspruchsberechtigt sind der Eigentümer, wie alle diejenigen, die an dem bedrohten Grundstück ein dingliches Recht haben, soweit dieses ihr Recht durch die voraussehbaren Einwirkungen verletzt zu werden droht, nicht der bloße Besitzer. Anspruchsverpflichtet dagegen ist jeder, der die Anlage im eigenen Namen errichtet oder erhält.[4]

---

[1] So auch Staudinger-Kober 130, Planck 175, Biermann 106, Endemann 478.

[2] Planck 150; RG. 27. 2. 02 V 403. 01 in RG. Bd. 50 n. 51 S. 229 = Recht 02 S. 237 n. 1151.

[3] Staudinger-Kober 130, Biermann 105, OLG. Zweibrücken 23. 10. 01 in OLG. Bd. 4 S. 61 n. 21 b.

[4] Mot. 295 = Mugd. 163, Staudinger-Kober 132, Biermann 106.

Zur Begründung des Anspruches hat der Berechtigte das Herstellen oder das Halten der Anlage, sowie die Gefährdung zu behaupten und zu beweisen. Im übrigen kann er sich auf den in § 903 festgelegten Grundsatz des Verbotes aller Einwirkungen berufen. Der Beklagte hat dann seinerseits darzutun, daß die drohenden Einwirkungen auf Grund des Gesetzes, z. B. nach § 906 BGB., oder auf Grund eines ihm zustehenden persönlichen oder dinglichen Rechtes unverbietbar seien.[1]

Ausnahmsweise ist der Anspruch des § 907 ausgeschlossen, wenn eine Anlage den landesgesetzlichen Vorschriften[2] genügt, die einen bestimmten Abstand von der Grenze oder sonstige Schutzmaßregeln vorschreiben. In einem solchen Falle ist eben anzunehmen, daß die Gefährdung durch die Beobachtung der gesetzlichen Vorschriften beseitigt sei. Sobald jedoch trotz der Einhaltung der Gesetzesbestimmungen unzulässige Einwirkungen erfolgen, steht dem Eigentümer oder den dinglichen Berechtigten des leidenden Grundstückes ohne weiteres das Recht zu, auf Grund des § 907 Abs. 1 Satz 2 Beseitigung der beeinträchtigenden Anlage zu fordern. Dann ist aber außerdem auch der allgemeine, nach § 1004 oder § 862 BGB. geltend zu machende Beseitigungsanspruch begründet. Diese Rechtslage den tatsächlichen Einwirkungen gegenüber dürfen die Landesgesetze nicht verändern. Insbesondere können sie nicht etwa bestimmen, daß, wer gewisse Schutzvorrichtungen treffe, dadurch gegen jede Störungsklage geschützt sei.[3]

[1] Planck 175, Hörle 394, Goldmann-Lilienthal 42, Endemann 478. OLG. Braunschweig 22. 11. 00 in DJZ. 01, 464 VII 5. A. A. Staudinger-Kober 132, wohl auch Biermann 106.

[2] Es können dies zivilrechtliche, wie auch polizeiliche, allgemeine oder lokale, insbes. bau-, feuer- und gesundheitspolizeiliche Vorschriften sein, vgl. Prot. 3604/5 (III 159) = Mugd. 603, Hörle 393, Staudinger-Kober 131/2. Derartige Gesetzesbestimmungen: ALR. I 8, 125, C. c. a. 674, Sächs. BGB. § 359, vgl. Förster-Eccius 172, Roth-Becher 197 ff., Endemann 477, Cosack 154, Turnau-Förster 288.

[3] Prot. 3605/6 (III 160) = Mugd. 603, vgl. a. 124 EG. BGB., auch Staudinger-Kober 132.

In einem Falle des § 907 Abs. 1 Satz 2 BGB. hat der Beklagte das Einhalten der Gesetzesvorschriften, der Kläger aber die tatsächlichen Einwirkungen zu beweisen.

§ 20.

VI. Der Ausschluß des Rechtsweges.

Der Rechtsweg aus unzulässigen Einwirkungen des § 906 oder 907 ist insoweit ausgeschlossen, als sich der Klaganspruch gegen die Ausübung staatlicher Hoheitsrechte selbst richtet. Daher sind die ordentlichen Gerichte unzuständig, wenn die erhobene Klage wegen unzulässigen Lärmes das Unterlassen der Schießübungen eines Regimentes auf dem Kasernenhofe fordert,[1] oder wenn sie wegen rechtswidriger Einwirkungen einer Artilleriewerkstatt, die von dem Militärnskus mit Maschinenbetrieb errichtet worden ist, Einstellung dieses Betriebes, sei es vollständig, sei es nur in gewissen Gebäuden verlangt.[2] In beiden Fällen handelt es sich um eine unmittelbare Ausübung des staatlichen Militärhoheitsrechtes, und es ist daher ein Eingriff in diese Ausübung seitens der Gerichte durch gänzliche oder teilweise Untersagung unzulässig.

Anders ist dies, soweit sich der Klaganspruch lediglich auf Herstellung von Einrichtungen behufs möglichster Beseitigung der aus Anlaß der Ausübung der Staatshoheitsrechte erfolgten Einwirkungen richtet.[3] Denn wenn und soweit — so sagt das Reichsgericht (vgl. diese Seite A. 2) mit Recht — der Militärfiskus es unterlassen haben sollte, diejenigen Einrichtungen zu treffen, die

---

[1] RG. 24. 9. 89 III 225. 89 in RG. Bd. 24 n. 6 S. 36; Endemann 475 A. 56, vgl. RG. 3. 4. 94 III 312. 93 in JW. 94 S. 267 n. 25; RG. 29. 1. 95 III 262. 94 in Gruch. Bd. 39 n. 99 S. 1078.

[2] RG. 6. 6. 99 II 144. 99 in RG. Bd. 44 n. 55 S. 225.

[3] Eine Klage wegen unzulässiger Einwirkungen verliert nicht allein deshalb den Charakter einer zur Zuständigkeit der Gerichte gehörenden Rechtsstreitigkeit, weil das einwirkende Grundstück im Eigentum einer öffentlichrechtlichen Körperschaft steht. Vgl. Endemann 19, Goldmann-Lilienthal 39; RG. 3. 4. 94 III 312. 93 in JW. 94 S. 267. n. 25; RG. 10. 7. 00 II 126. 00 in JW. 00, 639 = Recht 00 S. 418 n. 377.

unbeschadet der unbeschränkten Ausübung der staatlichen Hoheitsrechte geeignet sind, die an sich unzulässigen Einwirkungen sei es ganz zu beseitigen, sei es auf ein geringes Maß herabzumindern, so sind diese Einwirkungen nicht ein Ausfluß des Hoheitsrechtes, sondern sie sind auf Grund militärfiskalischer Anordnungen erfolgt, deren Aufrechterhaltung auch gegenüber einem verletzten Privatrecht, insbesondere gegenüber einem Nachbarrechte, nicht mehr durch das öffentliche Interesse geboten ist.

Anders ist dies auch dann, wenn die unzulässigen Einwirkungen nicht den Gegenstand der Ausübung der Staatshoheitsrechte selbst bilden, sondern wenn sie lediglich eine unbeabsichtigte Folge dieser Ausübung sind. So sind die ordentlichen Gerichte für eine Klage zuständig, die auf Unterlassung der durch das Überfliegen der Kugeln von den Schießständen auf die benachbarten Grundstücke verursachten Störungen gerichtet ist.[1]

Unzuständig sind die ordentlichen Gerichte weiterhin für Störungsklagen wegen der unzulässigen Einwirkungen, die von einer Betriebsanlage ausgehen, die auf Grund einer besonderen Gesetzesvorschrift[2] landespolizeilicher Genehmigung bedarf und auch landespolizeilich genehmigt ist. In den Fällen nämlich, in denen eine solche Genehmigung der Landespolizeibehörde erforderlich ist, nimmt der Staat kraft seiner Hoheit mit Rücksicht auf die Gemeinnützigkeit des Unternehmens, andererseit mit Rücksicht auf die mit dem Betriebe verbundenen Gefahren und Belästigungen für die Nachbarn den Schutz der einander widerstreitenden Interessen wahr. Er beschränkt zu diesem Zwecke die Nachbarn eines solchen Unternehmens in der Ausübung des ihnen zustehenden Verbietungsrechtes. Er schränkt aber auch den Unternehmer dadurch, daß er nicht nur die Errichtung der Anlage, sondern auch jede Änderung des Betriebes von seiner Genehmigung abhängig macht, erheblich in seinem Rechte, nach Belieben über das Unternehmen zu verfügen, ein. Die Folge

---

[1] RG. 27. 5. 03 V 28. 03 in RG. Bd. 55 n. 14 S. 55 = JW. 03 B. 102 n. 230.

[2] So in Preußen eine dem öffentlichen Verkehre dienende Kleinbahn — wie es auch die elektrische Hoch- und Untergrundbahn in Berlin ist — nach dem Ges. v. 28. 7. 1892. Vgl. unten S. 88 A. 1.

dieser Stellung des Staates ist, daß sich Dritte, die durch den Betrieb in der Benutzung ihrer Grundstücke beeinträchtigt zu werden glauben, wegen einer Änderung der Anlage oder wegen einer Änderung oder Einstellung des Betriebes an die mit der Wahrnehmung der staatlichen Polizeihoheit betrauten Behörden und, falls sie bei diesen nicht durchdringen, an die Verwaltungsgerichte wenden müssen, daß sie also ihr Begehren nicht im ordentlichen Rechtswege erzwingen können.[1]

Ausgeschlossen ist der Rechtsweg endlich insoweit, als die Handlungen, die die behaupteten, unzulässigen Einwirkungen hervorbringen, die Ausübung öffentlichrechtlicher Befugnisse bedeuten. So können wegen der durch übermäßiges, vielleicht mißbräuchliches Läuten mit Kirchenglocken verursachten Störungen nur die mit der Überwachung der Kirchen betrauten Behörden angegangen werden. Das Recht, mit Glocken zu läuten, ist den anerkannten christlichen Kirchengemeinschaften zugestanden und gehört daher dem öffentlichen Rechte an. Dies gilt auch, soweit das Glockengeläute zu weltlichen Kundgebungen, wie bei Feuersgefahr, Aufruhr und aus anderen Anlässen verwendet wird. Denn es geschieht dies im Interesse der Allgemeinheit. Es liegt also auch insoweit öffentliche Übung und Befugnis vor.[2]

In den Fällen nun aber, in denen aus den angeführten Gründen der Rechtsweg ausgeschlossen ist, erstreckt sich die Unzuständigkeit des Gerichtes nur auf die Klage auf Unterlassung der Einwirkungen selbst. Für die Geltendmachung etwaiger Schadensersatzansprüche dagegen ist der Rechtsweg gegeben.[3]

Ein Schadensersatzanspruch wird übrigens in den vorliegenden Fällen auch ohne den Nachweis eines Verschuldens des Be-

[1] RG. 12. 10. 04 V 147. 04 in RG. Bd. 59 n. 21 S. 70, vgl. RG. 13. 5. 93 V 38. 93 in RG. Bd. 31 n. 64 S. 285 = JW. 93 S. 370 n. 88; RG. 11. 5. 04 V 415. 03 in RG. Bd. 58 n. 32 S. 130 = JW. 04 S. 360 n. 16 = DJZ. 04 S. 746 n. 66 = Recht 04, 617.

[2] RG. 19. 11. 03 V 218. 03 in RG. Bd. 56 n. 6 S. 25 = DJZ. 04 S. 170 n. 13 = Seuff. A. Bd. 59 S. 385 = Fischers Z. Bd. 28, 113.

[3] RG. 7. 12. 86 III 187. 86 in RG. Bd. 17 n. 24 S. 103 = JW. 87 S. 45 n. 37 = Seuff. A. Bd. 43 S. 147 n. 98; RG. 24. 9. 89 III 225. 89 in RG. Bd. 24 n. 6 S. 38; RG. 11. 5. 04 V 415. 03 wie oben A. 1; RG. 12. 10. 04 V 147. 04 = RG. Bd. 59 n. 21 S. 74/5.

klagten insoweit begründet sein, als die Herbeiführung einer Änderung des rechtswidrigen Einwirkungszustandes deshalb unmöglich ist, weil die Einwirkungen in der Ausübung staatlicher Hoheitsrechte oder innerhalb öffentlichrechtlich zuerkannter Befugnisse vorgenommen werden, oder weil in der Genehmigung der Landespolizeibehörde zur Errichtung des einwirkenden Betriebes die allgemeine Anordnung der Staatsgewalt liegt, daß die benachbarten Grundstückseigentümer diejenigen wenn auch unzulässigen Einwirkungen, ohne die der Betrieb nicht ausführbar ist, dulden müssen.[1] Denn insoweit werden die Eigentümer und Besitzer der leidenden Grundstücke in der Ausübung des ihnen zustehenden Verbietungsrechtes beschränkt, und es steht die ihnen durch diese Beschränkung zugefügte Rechtsminderung der Enteignung gleich.

Schluß.

In unseren Ausführungen haben wir versucht, neben dem Begriffe der Einwirkungen des § 906 BGB. auch die Ansprüche, die nach dem bürgerlichen Rechte durch sie begründet werden, nach Art und Inhalt, wie nach ihrer Durchführung im Prozesse näher zu betrachten.

Mit diesen Ansprüchen sind nun aber die Rechtsbehelfe keineswegs erschöpft, die gegen die von uns behandelten Einwirkungen möglich sind. Neben dem bürgerlichen Rechte gewährt auch das öffentliche Recht einen weitgehenden Schutz gegen sie.[2] Nach ihm ist ein Einschreiten der Verwaltungsbehörden nicht gegenüber jeder wirtschaftlichen oder gewerblichen Tätigkeit, die unzulässige Einwirkungen mit sich bringt, sondern nur dann geboten, wenn dies der allgemeinen Aufgabe der Verwaltungsbehörden,

---

[1] Goldmann-Lilienthal 31, RG. 20. 9. 82 V 454. 82 in RG. Bd. 7 n. 74 S. 266. RG. 13. 5. 93 V 38. 93 wie oben S. 88 A. 1. Vgl. RG. wie oben S. 88 A. 3. A. A. Meisner 293/4.

[2] Das österreich. Recht läßt die sich aus dem Nachbarrecht ergebenden Beschränkungen des Grundeigentums einzig und allein aus dem Gesichtspunkte des Gemeinwohls von den Verwaltungsbehörden und nicht durch das Privatrecht regeln. Vgl. Randa 119.

Störungen der guten Ordnung vorzubeugen und sie abzuwenden,[1] entspricht, mit anderen Worten, dann, wenn die durch die Einwirkungen hervorgerufenen Beeinträchtigungen über das Maß dessen hinausgehen, was die Allgemeinheit, das Publikum, und somit auch jeder einzelne als unvermeidliche Folge des gesellschaftlichen Zusammenlebens der Menschen notwendig ertragen muß, und wenn die Einwirkungen zugleich eine Störung der öffentlichen Ordnung der Allgemeinheit enthalten.[2] Keine Veranlassung also haben die Polizeibehörden zu einem Vorgehen gegen in unzulässiger Weise einwirkende Handlungen oder Betriebe dann, wenn durch sie nur ein individuell begrenzter Personenkreis, nicht aber die Allgemeinheit als solche beeinträchtigt wird. Die einem derartigen bestimmten Kreise von Verletzten angehörenden Personen wären vielmehr, würden sie im Verwaltungswege Schutz gegen die Einwirkungen suchen, auf den Prozeßweg zu verweisen.

Des näheren auf die Schutzmittel, die das öffentliche Recht gegen die Einwirkungen des § 906 BGB. gibt, insbesondere auf ihren Umfang und ihre Durchführung einzugehen, liegt außerhalb unserer Aufgabe. Vielleicht nehmen wir später einmal die Gelegenheit wahr, diese öffentlichrechtlichen Ansprüche in einer besonderen Arbeit zu behandeln.

[1] In Preußen kommt hier die Vorschrift des ALR. II 17, 10 zur Anwendung, die lautet: „Die nötigen Anstalten zur Erhaltung der öffentlichen Ordnung und Sicherheit und zur Abwendung der dem Publico oder einzelnen Mitgliedern desselben bevorstehenden Gefahr zu treffen, ist das Amt der Polizei." — Vgl. § 51 GewO. Hierzu Hörle 391 ff., vgl. auch Biermann, Privatrecht und Polizei in Preußen 1897, Berlin, Jul. Springer, S. 36 ff., 124.

[2] Fischers Z. Bd. 1 S. 279 n. 69; Sächs. OVG. (27. 4. 01) Bd. 1 S. 43 n. 6; (1. 3. 02) Bd. 2 S. 238 n. 53; (1. 11. 02) Bd. 3 S. 329 n. 102.

Druck von Metzger & Wittig in Leipzig

Kolibri 360 GmbH
Ferdinand-Jühlke-Straße 7
99095 Erfurt, Deutschland
produktsicherheit@kolibri360.de